UnRead

-

探索家

[全彩图文]

你能破解吗？

100 THINGS THEY DON'T WANT YOU TO KNOW

掩盖在历史中的100个秘密

DANIEL SMITH

〔英〕丹尼尔·史密斯 著

吴奕俊 译

目 录

引言

秘密是阴谋的工具，绝不能成为常规政府的系统。

——杰里米·边沁（Jeremy Bentham）

真理是同时代人让你远离的东西。

——理查德·罗蒂（Richard Rorty）

人人都喜欢神秘的事物，喜欢那些难以理解，甚至不可能解释的谜题。想想这个词的一些同义词：谜团、难题、谜语、秘密，每个词随口一说便能激发想象，引诱我们决心去探究个水落石出。

今天，人们对于神秘事物的钟爱程度相比以往丝毫未减，对于侦探小说、现实生活中的犯罪以及政治阴谋等素材依旧痴迷。一个显著的现象是：自本世纪初开始，有史以来最出名的解密人——侦探夏洛克·福

尔摩斯又重新活跃于荧屏之上，担任经典剧目的主角，并为作家、记者和学者们提供了丰富的主题。我们对于神秘事物的热情依然存在，并且十分饱满。

探索秘密的冲动是我们人性的基本组成部分。从本质上讲，每个谜团都会在我们群体存在的外表产生一个凹痕，而我们的自然倾向就是将它们解决掉。凹痕越大，时间越长，它对于我们就越有吸引力，我们解决它的愿望也越强烈。但我们不要总是那么仓促——一个不完美的表面只是年龄和经历的证明，并且它通常远比一个完全没有标记的表面更加迷人。所以说，调查一个谜团的时候，要享受这个过程，因为它可能比结果更加令人愉快。

如今，我们的时代似乎不太适合诞生真正伟大的奥秘。在一个以“开放”和“透明”著称的世界，表面上看，保密和神秘的空间更少了，一支由朱利安·阿桑奇和他的维基解密组织组成的互联网战士队伍

可以将所有“必要”的信息暴露给全世界。即便是名人，人们对他们的关注点也已经从神秘性转向无限制的揭露。处在一个“刷爆互联网”的世界里，人们可能会怀疑，神秘性的丧钟是否已被敲响！

尽管人们都在讨论开放性和联通性，但神秘仍然围绕着我们。事实上，我们与世界越联通，就越容易失去彼此之间的一些联系。这就是为什么理论家的阴谋和犯罪暴行未被发现，客机从天而降未得到解释，甚至谋杀案受害者的尸体数周后才被邻居发现，而在此之前邻居竟未发现任何异样。

因此，现代信息时代并不能保证人们对于真相的自由探访。我们生活在一个新奇的时代，接收着不断涌来的大量数据，但我们对于所听到的信息的不信任却在增加。虽然说，一个缺乏信任的世界可能相当空洞，但我们仍有必要谨慎地评估我们接触到的所有信息：它是什么意思？是谁告诉我们它是这样的？有什么用意呢？这些无疑是这个社交网络、大数据时代的关键问题。有时候想要找到真相，不受错误、虚假言论的干扰，几乎不可能。这个灰色地带充满神秘气息，却也十分有趣。

本书中描述的 100 个案例就是从这个灰色地带发掘出来的。盛大的阴谋、未破的案件、无法解释的自然现象以及令人困惑的历史谜团等相混合，令人沉浸其中。

每个例子中，都有两种或两种以上的理论互相对垒，尝试解释事情发生的真相，但我们无法确定哪一种正确。有人怀疑，之所以提出论据，不是为了阐明真相，而是为了欺骗、迷惑和混淆，从而使得这个事件更加复杂。

真相可能是某个犯罪主谋试图逃避身份证明，有对于挽回颜面、平息公众恐惧的希望，抑或有对推动某个特殊的个人目的达成的欲望，还有可能仅仅是一个正在进行的大型恶作剧。真真假假，谎言的麻烦在于，它们有时候太诱人！

我们也要警惕过分的愤世嫉俗。也许书中所描述的一些神秘事件有着简单和单纯的解释，我们对此认可。我们也有可能相信大人物拥有智慧和敏锐的头脑，但这种信任并非必然，尤其是当他们精心策划一些欺骗行为的时候。因此，当我们面对表面上的“确凿证据”和“真实故事”时，一定要提高警惕。

我希望即将潜入的神秘地带会令你着迷，带给你乐趣。你有很多志趣相投的同伴——正如阿尔伯特·爱因斯坦所说：“我们所能经历的最美好的事情就是神秘。”

如果接下来的页面中详细描述的案例激发出了你强烈的兴趣，以至你继续发掘它们背后的真理和无可驳斥的真相，那就再好不过了。

01 消失的宇航员

未解之谜　苏联在太空竞赛最激烈时是否秘密地牺牲了几位自己的宇航员？

发生时间　20 世纪 50~60 年代。

冷战巅峰时期，苏联和美国之间的竞争异常激烈，如今人们已经将此淡忘。在这场意识形态的冲突中，从奥运会到国际象棋锦标赛，无不成为双方的战场——当然了，它们还竞相将人送往太空。但在它们争夺领导权的过程中，苏联方面是否掩盖了太空计划中无数人的死亡？

1969 年，尼尔 · 阿姆斯特朗跨出了“人类的一大步”，美国声称自己成功地进行了首次载人登月，然而此前苏联已经在太空竞赛中领先了一个身位，1957 年发射第一颗人造卫星，1961 年尤里 · 加加林成为第一个进入太空的人。但一直有流言称，之前至少有两起太空飞行都以悲剧告终，而且被掩盖了起来。

未公开死亡人数的最早说法据说来自与西方有联系的捷克政府官员。有关假人和录音的实验飞行传出了很多谣言，有报道称在加加林之前就有人进入了太空，但这遭到加加林本人的否定。另一个版本称弗拉基米尔 · 伊留申早于加加林几天进入太空，但在中国意外坠落，随后他在当地被扣押了一年多。传言说苏联为避免产生外交事故，就对此事进行了掩盖。

“消失的宇航员”最让人信服的证据来自意大利的两兄弟——业余无线电爱好者阿基里（Achille）和吉安 · 朱迪卡 – 科尔蒂戈利亚（Gian Judica–Cordiglia），20 世纪 60 年代早期，他们在靠近都灵的基地收听和苏联的太空任务相关的信号。他们声称，在那几年，他们听到了许多不可思议的片段，至少有 3 位宇航员在轨道上死亡。虽然两兄弟的说法也让许多人心存怀疑，但他们的行为无疑引起了苏联安全部门和意大利安全部门的注意。

当然，苏联人在太空失事的传言很有可能是反苏分子（或者想要求关注的臆想者）传播的。一方面，苏联解体后，不少学者虽然查阅了国家档案，但没有找到确凿证据；另一方面，我们知道在一定的历史时期里，许多敏感材料都已丢失或者被蓄意销毁。在冷战中，美国和苏联长期相互猜忌、保守秘密，基于此点，“消失的宇航员”即使未经证实，也极为令人信服。

终极先锋 一名战斗机飞行员，1961年，在他24岁时死于一次宇航员训练计划的烧伤中。他的死被莫斯科当局掩藏了几十年。

02 鲁道夫·赫斯的秘密行动

未解之谜 臭名昭著的纳粹分子鲁道夫·赫斯（Rudolf Hess）惊人地出现在战时的英国后，他的命运究竟如何？

发生时间 1941年5月10日。

1941 年，希特勒的纳粹党副手鲁道夫·赫斯未经许可，擅自前往苏格兰争取与英国和解。之后被捕并在纽伦堡审判中被判有罪，鲁道夫·赫斯被关押在柏林的施潘道（Spandau）监狱，直到 1987 年自杀身亡。但是，赫斯真的死于自杀吗？施潘道监狱的最后一位犯人到底是不是赫斯？

鲁道夫·赫斯生于 1894 年，参加过第一次世界大战，不久便追随名不见经传的奥地利裔政治煽动家阿道夫·希特勒。1923 年，作为新生的纳粹党分子，两人在柏林共同策划了一起政变，即啤酒馆政变（Beer Hall Putsch）。赫斯因此服刑 18 个月，在狱中帮助希特勒完成了仇恨之书——《我的奋斗》（*Mein Kampf*）。

人们普遍认为，赫斯担心德国无法在两条战线上都取得胜利。1941 年，入侵苏联在即，他决定自己掌握主动权，试图与英国达成和解。早在 20 世纪 20 年代末即取得飞行执照的赫斯，准备驾驶梅塞施米特（Messerschmitt）110 飞机飞往苏格兰。他打算在那里会见汉密尔顿公爵，他错误地认为汉密尔顿会接受和平方案。赫斯提出，只要英国不干预欧洲大陆，那么英国现有的帝国主权将不受侵犯。

1941 年 5 月 10 日晚，赫斯驾驶飞机在巴伐利亚（Bavaria）的机场起飞，为防被人发现，他一路低空快速飞行至苏格兰，但在寻找公爵的住宅时遇到了麻烦。刚过晚上 11 点，飞机燃料严重不足，他使用降落伞安全着陆，随即被一个农民发现，然后将他交给英国地方军。他就此被警方监禁，之后，他的真实身份被核实。在余下的战争岁月中，他被辗转关押在英国各地。

第二次世界大战结束后，赫斯成为纽伦堡国际军事法庭（International Military Tribunal）上的第一批被告。由于密谋罪和反和平罪，他被判处终身监禁，关押在联邦德国的施潘道监狱。20 世纪 60 年代中期，他成了这个可以容纳 600 名犯人的监狱的唯一犯人。1987 年 8 月 17 日，93 岁的赫斯被人发现死于监狱的避暑别墅中，显然，他是用窗框上垂下的电缆自缢而死的。

这种引人好奇的自我了断的方式引发了许

迫降 前页图：1941 年，鲁道夫 · 赫斯从德国非法驶入苏格兰，他从飞机上跳伞后被逮捕。上图为施潘道，是联邦德国一座森严的监狱，赫斯在此被关押几十年，直到 1987 年去世。

多争议。赫斯的律师和家人怀疑他并没有这么大的力气以这种方式自杀。他们还争辩说，赫斯的“自杀遗言”是 20 多年前的信函，他当时害怕自己病死。有一种说法是，在戈尔巴乔夫时代，苏联打算同意释放赫斯，但是英国安全部门担心他会透露英国政府在战时的行动，便将他杀害。

还有其他同样大胆的论断。检查施潘道监狱最后一名犯人的医生称，该犯人身上没有赫斯在第一次世界大战中所遭受的标志性伤疤。难道英国人在几十年前为赫斯找了一个无辜的人抵罪？如果真是这样，那目的何在？难道是为了掩盖真实的赫斯遭遇了某种不测？又或是像他人所说，英国政府内同情赫斯的人将他送到了英国之外的某个安全之地？还有人揣测，赫斯根本就没到过英国，那只不过是柏林派出的诱饵，个中缘由恐怕只有他们自己知晓。或者说，希特勒原本想寻求和平，但在英国政府拒绝赫斯的情况下，于是想出了这样一个精心策划的诡计？

显然，各方曾经或者依然害怕（他们理应害怕）赫斯任务的真相浮出水面。不过他们不必过度担忧，因为能让我们一探究竟的官方文件要么已遭到破坏，要么还有待解密。

03 季诺维也夫的信

未解之谜 是谁伪造了一份影响了选举结果的文件？

发生时间 1924年10月25日。

20 世纪 20 年代，英国的第一届工党政府将 1924 年的选举失败归因于一份伪造的文件。共产国际给英国共产党寄去的一封信在英国引发轩然大波，两家报纸刊登了“季诺维也夫的信”，之后几天，英国执政党便在选举中惨遭失败。

这封信据说来自格里戈里 · 季诺维也夫 (Grigory Zinoviev，莫斯科共产国际执行委员会首任主席)，就在英、苏两国政府设法敲定一项贸易协定的时候，它受到了公众的关注。在英国，拉姆齐 · 麦克唐纳（Ramsay MacDonald）早在一年前就成为工党的第一任首相，他谈判的协议遭到对手保守党的强烈反对。1924 年 10 月初，麦克唐纳的少数党政府输掉了信任投票，而新的选举定在 10 月 29 日。

作为一名社会主义者，麦克唐纳招来了许多英国当权者的抨击，树了不少劲敌。有人匿名将季诺维也夫的信泄露给了报社，10 月 25 日，距大选还有 4 天，《每日邮报》刊登了此消息。这封信中提到了“国际和英国无产阶级革命”，这是最要命的地方。《每日邮报》从来不放过任何可以炒作的故事，标题写道——“社会主义领导人的内战阴谋：莫斯科对我国的社会主义者发号施令？阴谋大揭秘”。

不到两天，季诺维也夫就亲自否认参与撰写这封信件，并说道：“1924 年 9 月 15 日那封归咎于我的信件从头到尾都是伪造的。”麦克唐纳也觉得此事有蹊跷，在当时的演讲中这样说道：“…… 我不会妄下定论，我怎能不怀疑，整件事就是一个政治阴谋呢？”不过，工党在 10 月 29 日的选举中惨败，以斯坦利 · 鲍德温（Stanley Baldwin）为首的保守党组成了一届新的政府。这封信在多大程度上毁掉了工党竞选成功的机会呢？工党一直在为竞选做最后的努力，但这封来历不明的书信却让失败成为定局。也许更具杀伤性的是，它使得看似即将达成和解的英国和苏联双方的关系进一步恶化。

鲍德温成立了一个内阁委员会来调查此事，最后认为这封信是真的。之后的几十年，都没有进一步的官方调查。但在 1967 年，《星期日泰晤士报》的几名记者公布了他们对此事研究的结果，宣称这封信终究还是伪造的，也许是当时在柏林的一帮亲君主制的俄罗斯人所为，目的是削弱英苏关系。他们还宣称保守党

错误的信函 前页图：格里戈里·季诺维也夫，苏联共产党人，他一直否认发出过这封信。
上图：拉姆齐·麦克唐纳，他再次被选为英国首相的机会本就十分渺茫，后来又深受这次丑闻的影响。

和情报局人员也参与了这起密谋。

1998 年，托尼·布莱尔（Tony Blair）带领工党重新掌权的后一年，外交大臣罗宾·库克（Robin Cook）前所未有地宣布要基于官方档案，开展新一轮调查。外交和联邦事务部的首席历史学家吉尔·班尼特（Gill Bennett）翻遍了外交部、军情五处、军情六处，以及俄罗斯国家机构的档案，在接下来的一年公布了她的发现。

虽然班尼特无法确定是谁写的这封信，但她也相信这是伪造的，也许是移民至柏林或里加（Riga）的白俄罗斯人伪造的。更糟糕的是，她的发现说明这封信是经军情五处和军情六处内部高层人员之手泄露给保守党的，而他们明明知道这封信是伪造的。德斯蒙德·莫顿（Desmond Morton，军情六处的高层人员兼温斯顿·丘吉尔的密友）和军情五处的少校约瑟夫·鲍尔（Joseph Ball，后来的保守党中央办公室负责人）接受了特别审查。斯图尔特·孟席斯（Stuart Menzies）本将成为军情六处的首脑，也被人暗指将此信泄露给了《每日邮报》。

班尼特还发现安全部门故意误导外交部关于此信的出处，他们明知事实并非如此，却还故意宣称这是源自莫斯科内部的可靠信息。例如鲍德温的外交大臣奥斯汀·张伯伦（Austen Chamberlain）报告称，专门内阁委员会“一致认为这封信的真实性毋庸置疑”，可就在一周后，莫顿写信给军情五处称“我们坚信此事是伪造的”。

所以说，这样一个证明安全部门内部肮脏手段的故事绝不是现代独有的现象。

04 贝克街银行盗窃案

未解之谜 为什么一起伦敦盗窃案的相关媒体报道遭到压制？

发生时间 1971年9月11日。

那是一起针对伦敦市中心银行的盗窃案，可以说是胆大妄为，由于安保方面的重大疏忽，导致窃贼盗得巨额财富。事件最初在媒体间引起轩然大波，但是后来有关此案的评论微乎其微，有消息称政府想要冷处理这起盗窃案。那晚到底发生了什么不能曝光的事情呢？

这起案件让人想起夏洛克·福尔摩斯探案故事里的红发会（The Red-Headed League）。一帮盗窃犯在马里波恩路和贝克街交界处租了一家商店，商店与劳埃德银行只隔着几扇门的距离。历经数月，他们挖了一条地道，于1971年9月11日潜入了银行的地下保险库。意想不到的是，当地的一个业余无线电爱好者收听到了盗窃犯的对话，还报了警——但是他无法确定银行的准确位置。于是警察在伦敦市中心搜索了700个地址，包括

被盗窃的银行，但都没有发现任何异常。盗窃犯撬开了 250 多个保险箱，盗走总价约为 300 万英镑的现金和贵重物品（价值约为当前的 3000 万英镑）。

不出所料，这起事件引起了媒体的轰动，但没过几天，对此事的报道就悄无声息了。舰队街的众多编辑随后宣称，政府发出 D 号通告，强行命令媒体禁言。有人认为这是在掩盖警察的无能，也有人怀疑事情并没有那么简单。D 号通告通常用于禁止威胁国家安全的报道，而不是挽救当地警察的颜面。

从那以后，保险库里的东西引起了人们无限的猜测，到底是什么让军情五处和政府高层如此劳心费神？这起盗窃案中，四人获罪，据其中一人交代，他们发现赃物里面有大量的武器和色情物件后，感到十分震惊。有些人却认为真相涉及一位重要的公众人物不得体的照片落入了黑人权力运动（Black Power movement）的头领手中。这种说法有待考证。在盗窃期间，窃贼还恶作剧地在银行保险库里喷上标语“让夏洛克 · 福尔摩斯来破解这个案子吧”。

案例研究 伦敦贝克街——夏洛克 · 福尔摩斯的精神家园——1971 年的银行盗窃案的案发现场，作案手法非常专业，但他们的动机也许会让历史上著名的侦探家都困惑不解。

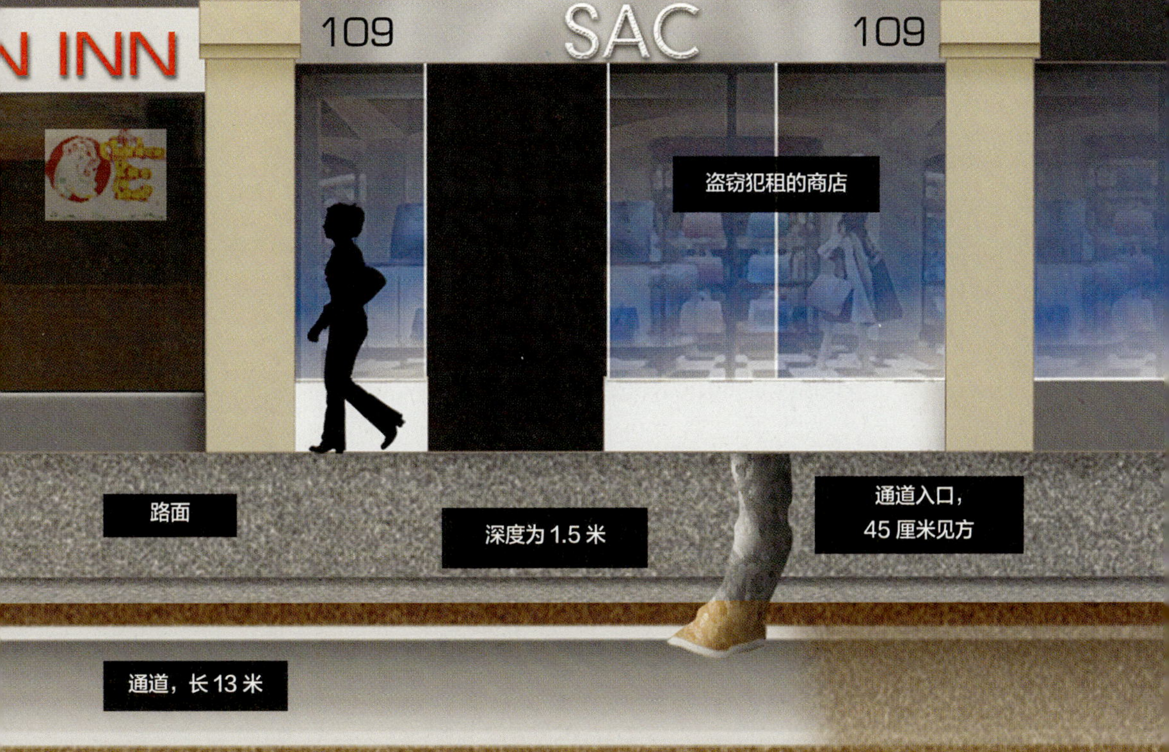

05 林茅斯大洪水

未解之谜 让民众损失惨重的林茅斯大洪水是政府的秘密天气实验造成的吗？

发生时间 1952年12月15日。

林茅斯位于英国德文郡（Devon）埃克斯穆尔（Exmoor）外郊。艺术家托马斯·庚斯博罗（Thomas Gainsborough）这样描述林茅斯，称它是“山水画家最青睐的地方”。但在1952年，洪水侵袭了这个村庄，导致34人死亡。之后，有消息称政府的科研人员在该地附近做人工降雨实验。难道是他们干扰自然，引发了灾难？

埃克斯穆尔原本是一片广袤的荒原，1952年12月15日的瓢泼大雨使它成为水涝之地。接下来的24小时，降雨量为9英寸（超过200毫米），实际降雨量约为当年预计降雨量的250倍。雨水横贯大地，卷走倒下的树木和巨大的岩石。有些被卷走的物体筑成了临时的堤坝，这些临时的防护被不断积聚的雨水冲破后，杀伤力急剧加大。位于峡谷的林茅斯在这次灾难中损毁最严重。一位目击者这样说道：“……雨水涨势凶猛……就像雪崩一样铺天盖地而来，冲向我们的酒店，从山上裹挟下来的岩石打破了墙壁和门窗。”

据估计，9000万吨雨水洗刷了这座小镇。一晚过后，林茅斯有34个人遇难（在附近菲利河岸露营的3个童子军也失踪了），成百上千的人失去家园。车辆被冲到海里，就像失事船只的残骸，该地区30多座桥梁大部分都倒塌了，第二天灯塔也被冲垮了。一名失去6个家人的女子描述确认她祖母尸体时那触目惊心的场面：“妈妈是通过祖母后背上的大疣子来确认的，因为找到祖母的时候，她的头和四肢都不见了。”

然而，这并不是这个风景如画的村庄首次遭遇摧毁性的大洪水，1607年和1796年同样发生过此类事件。气象专家指出，1952年的大洪水源于此前几天在大西洋上形成的低气压锋面、埃克斯穆尔特殊的地貌加上地上积聚的湿气，这三种要素联合导致了这场“完美风暴”。

可是，目击者还称当天的事件还有一些其他稀奇古怪的特征。比如，有人说空气中有硫磺的味道；还有人说雨的力度很大，打得脸疼；也有人说灾难发生前几个小时还有飞机在该地上空盘旋；有人还传言科学家在开

天堂开放 林茅斯位于英格兰西南部德文郡景色壮丽的达特穆尔地区，是这里一个极其普通的城镇。然而，在1952年12月的事件之后，居民的生活永远地改变了。

不可抗力? 此次洪水给这个安静的地区带来了灾难，永久地改变了小镇的面貌。难道是国防部的科研人员因操控天气状况而引发了大洪水?

展一些影响天气的实验，难道是实验可怕的、无法预测的后果给林茅斯带来了灾难?

我们如今了解到，1949 年到 1952 年，英国政府的确在进行“积云计划”（Project Cumulus），目的是研究如何操控天气，获得军事上的优势地位。他们研究的主要手段之一便是云种散播，将物质释放到空气中，影响云层的湿度。但是国防部从未透露“积云计划”的具体实施内容。

北德文郡前下议院议员托尼·斯佩勒（Tony Speller）研究了官方文件，却断定某些关键的资料已遗失。同时，英国广播公司还从实验相关人员那里搜集了证据。比如，一个飞行员称他在贝德福（Bedford）郡上空撒盐，以增加降水。有人推测他们还使用了碘化银来达到同样的效果，其原理就是使用某些物质将温度非常低的云层降到冰点以下，导致突如其来的大量降雨。国防部希望可以运用这一项技术来阻碍敌人的行动或者清除机场上的浓雾。

虽然没有决定性的证据证明林茅斯的悲剧就是由改变天气的实验直接导致的，但“积云计划”在灾难之后就中断了，而且气象局也否认这些实验是在 1955 年之前进行的。如今，科学已经大大进步，许多国家都在利用某些人工影响天气的技术。但在 20 世纪 50 年代，这种技术是十分不成熟的。难道是因为当局害怕暴露实验带来的破坏性事实被揭露，而急于否认这项实验工作的存在?

06 星光耐热材料

未解之谜 一位业余化学家发明了一种堪称奇迹的耐热材料之后发生了什么?

发生时间 20世纪80年代中期。

这似乎又是一个小人物历经困难取得胜利的精彩故事。莫里斯·沃德曾经是一个理发师，他发明了一种会让现代生活出现革命性变化的耐热涂层。但直到2011年莫里斯去世，“星光”（Starlite）这项发明也没有产生巨大的效应。世界就此失去了这项20世纪最伟大的发明吗?

沃德是一个擅长调制染料和美发产品的发型师，他在20世纪80年代早期做过塑料生意。1985年，曼彻斯特机场的一架飞机在跑道上着火，不到1分钟时间，50多名乘客遇难身亡。这起悲剧事件震撼了沃德，他开始研制缓燃塑料涂层。他在食品搅拌机里试验了一种又一种配料之后，获得一个可以制造极其耐热的塑料板材的配方。

沃德知道自己发现了宝贝，他对这种材料守口如瓶，他的孙女将它命名为“星光”。他没有申请专利，不想公开它的成分，但他允许潜在的买家（大部分为国防组织和化学品商业公司）测试样品。他禁止买家带走样品，防止他们开展逆向工程。“星光”似乎能抵挡相当于75个广岛原子弹爆炸释放的热量，显然，一位业余科学家改写了热力学规则。

他设想“星光”能运用到各种物品上，从防火衣、防火门到导弹鼻锥、火箭发射台。这些领域的某些巨头表现出了兴趣，包括英国原子武器研究机构、美国国家航空航天局、英国帝国化学工业集团（ICI）和英国航空公司等。1993年，英国广播公司的科学栏目《明日世界》向公众介绍了“星光”，并做了一个实验：将一枚涂有“星光”的鸡蛋放在喷灯之下炙烤，鸡蛋不仅没有破裂，就连蛋黄也仍旧是液态。

可后来什么都没有发生。一笔笔交易落空，要么是沃德要求太苛刻，要么是买家公司内讧。2011年沃德去世时，据说“星光”的配方只有他的家人知道。哪怕是达成一笔交易，人们便有机会见识沃德这位伟大的天才带来的便利。又或许如传言，“星光”早就被某个团体擅自利用了，他们在榨取了它的商业和技术价值后，巴不得这个名字从公众的视野中消失。

07 彼尔德伯格集团

未解之谜 彼尔德伯格集团的高层代表在他们的秘密会议上到底做了什么决定？
发生时间 1954年以来。

彼尔德伯格集团 (The Bilderberg Group) 每年邀请欧洲和北美的权力掮客参加会议，讨论当前世界的重要问题。会议聚集了国家和政府首脑，以及商业巨头和顶尖国防承包商的重要人物，由于会议内容严格保密，长期以来成为公众怀疑的焦点。有人控诉它是一个密谋组织，企图建立以西方资本主义信条为基础的世界新秩序。

彼尔德伯格集团的名字取自荷兰阿纳姆附近的一家酒店，即1954年团体成员首次集会的地点，集团的创立者包括荷兰王子伯恩哈德、银行家大卫·洛克菲勒、波兰外交官约瑟夫·热廷捷和英国政客丹尼士·希利。集团的目标是汇聚大西洋两岸的精英，加强对自由世界的自由市场的掌控。

你也许觉得这无可非议。但在他们干预世界的这些年里，精英受邀者名单和一贯的保密性引发了许多人的猜想：闭门会议中到底发生着什么。由于后来很多国家的领导人在任职之际大多会来参加这个会议，人们愈发觉得这个团体有能力影响世界。例如，比尔·克林顿和托尼·布莱尔分别在就任美国总统和英国首相之前参加过此会议。群英集会是它的一大特点，但有人说该集团能帮助成员提高自己的地位——如果是这样的话，那成员要拿什么作为回报呢？

彼尔德伯格集团对自身一贯坚持的保密性颇为乐观。将120~150名来自政界、金融界、产业界、媒体界和学术界的精英会聚在一地，讨论所谓的“全球大趋势”，集团要求会议在查塔姆大厦规则下进行。这就意味着参会者可以利用他人给出的信息和表达的观点，但不能追究发言者或其他参会者的身份——也不能直接引用其他人的话。此外，不允许记者进入，确保“参会者能在彼此信任的环境下自由地讲话”。正如英国前财政大臣和彼尔德伯格集团的联合创始人丹尼士·希利说的那样：“高度保密性使人们坦诚地畅所欲言，不用担心遭到攻击。”

作为隐形的政治力量，彼尔德伯格集团引导了重大的地缘政治风向，但这是由被视作政治中间派的代表们观察得出的。希利曾经说过

秘密的面纱 本图：瑞士圣莫里茨的苏维塔之家酒店，是 2011 年该组织集会首选的奢华场地。上图：会议总是吸引很多抗议者前往，比如 2014 年的哥本哈根会议。

操纵世界 1978 年，彼尔德伯格会议召开之前，有人在新泽西州普林斯顿亨利 · 昌西会议中心（Henry Chauncey Conference Center in Princeton, New Jersey）外面看见美国前国务卿亨利 · 基辛格。作为彼尔德伯格集团常驻的和有影响力的成员，基辛格据说是该集团的成员秘书，负责邀请世界各地的政客和业界大亨来参加会议。

这句臭名昭著的话："要说我们努力打造一个全球政府，是有点儿夸大其词了，但也无可厚非。身为彼尔德伯格集团的成员，我们认为不能再继续无缘无故地打斗和杀戮，让上百万人民流离失所。因此，我们认为在全世界建立一个共同社会是一件好事。"他说这话的时候，真应该坐在一把摇椅上，抚摸着一只白猫，这样显得更有"派头"。

坚持把安保摆在明处，且经常颇具攻击性的安保措施并没有帮助改善彼尔德伯格集团的形象。尽管集会有众多大人物参加，要求具备最高级别的安保措施，但是不断有人指控安保的暴力行为，这其中包括来自记者及和平人士的指控。

同时，英国工党议员迈克尔·米彻（Michael Meacher）严厉地批评了这个组织，称它是"有钱、有权人的密谋组织"，想在公众的背后巩固和拓展其成员对市场的掌控。这一秘密团体已经创造出了一个非同寻常的环境，让各种针锋相对的阴谋论层出不穷。左翼派害怕新保守资本主义的利益侵犯民权和个人自由，同时，右翼派宣称自由派会接管一切，而保守派称这是为了加强"大政府"的掌控。还有一些司空见惯的奇思异想，坚信这是犹太复国（Zionist）的阴谋。这些论断并非都那么可信，但当西方世界的大亨们关起门来讨论如何应对世界发展的"大趋势"时，我们有充分的理由对他们的结论发表自己的见解。

总统、银行行长、私人企业总裁、武器交易商和石油高管走进一间会议室……这听起来像是一个冷笑话的开头。可这就是彼尔德伯格集团酿造的事实。设想所有关乎大众利益的事情都要经过这个小圈子的讨论和同意，也许才是最大的笑话。

08 震网

未解之谜 是谁用计算机病毒导致了伊朗核计划的瘫痪？
发生时间 约 2010 年。

我们越来越清楚，未来的战争将在网络空间进行，轻点鼠标就能摧毁一个国家的基础设施。虽然这个可怕的预见离我们还很遥远，但是各国政府正在建立进行网络战争的机构。2010 年，震网蠕虫（一种计算机病毒）给伊朗带来了严重的破坏，这是网络武器开始萌芽的铁证。

据报道，2010 年，伊朗的核设施遭到计算机病毒的袭击，震网受到公众的广泛关注。对纳坦兹（Natanz）铀浓缩设施的运作起关键性作用的离心机，有五分之一都停止了运转，这令德黑兰的核弹发展进程延后了几个月甚至数年。

震网的运作途径是感染使用视窗操作系统的电脑，袭击通常用于大型工业系统中的某种特定程序，尤其是用于核设施中的。有些专家猜测这种病毒本应在完成破坏工作之后自行毁灭，但由于编码的一个缺陷使得它更具破坏性，超出了病毒设计者的预想。远到美国、印度及印度尼西亚的系统都受到感染，但迄今为止，伊朗的感染案例是最多的。震网的破坏工作有可能早在 2007 年就开始了。

鉴于伊朗是攻击的头号目标，立刻就有人推断以色列参与了突袭，美国还可能提供了援助。2012 年，《纽约时报》甚至指出蠕虫病毒是从乔治 · 沃克 · 布什政府开始，并由贝拉克 · 侯赛因 · 奥巴马政府延续的。其他记者还称美国和以色列参与其中是公开的秘密——比如，2010 年，白宫当时的军备控制和大规模毁灭性武器的协调人说：“它们的离心机出了问题，我们感到很高兴，我们（美国及美国的盟友）将极尽所能让它们的麻烦变得更复杂。”

但这一切都没能使官方确认是谁的责任。甚至可以说，无论是美国还是以色列都不介意自己的敌人认为自己在网络武器开发方面领先一步，即使震网有可能是其他国家创造的。2011 年 4 月，德黑兰政府断言以色列和美国是罪魁祸首，一有机会便把这两个国家当成敌人，这是情有可原的。同时，几个国际关系评论员还质疑以色列和美国能否克服双方在情报和军事上的差异，共同完善如此强大的武器。

系统崩溃　主图：瘫痪了的伊朗的铀离心机，至少将核计划推迟了几个月。嵌图：纳坦兹铀浓缩设施的鸟瞰图。

黑客袭击 网络是 21 世纪的军事前线，点击按钮就有可能使一个国家的基础设施瘫痪。

有人说，伊朗的区域竞争对手约旦极有可能参与了震网造成的破坏工作。还有人指出，伊朗只不过是个实验品，或者是个意外的受害者，原本这个程序是针对另一个敌人的。有些观察者指出，许多受到病毒侵害的组织都有一个共同的俄罗斯承包商，难道这个承包商才是病毒的真正目标，而他的合伙人只是连带受到了伤害？

或者说，伊朗的核基础设施是另一个完全不同的攻击的完美掩护，全球成千上万的工业和安保设施都已经受到了影响。震网袭击说不定只是一次普通的武器实验，因为各国政府都在为新时代网络战争做准备。蠕虫病毒背后的操纵者现在应该更加清楚地知道，哪些国家具备完善的防御系统来抵制攻击，哪些国家更容易受到袭击。这种认知对未来的战争十分有利。

一些阴谋论者声称在震网中找到了与“以斯帖（Esther）”相关的代码，以及伊朗处决以色列间谍的日期。他们说，确凿的证据指向以色列。但在其他人眼中，这只不过是加罪于无辜一方的拙劣手段。网络霸权的争夺如此激烈，处于竞争中的国家既有动机承担责任，也同样有动机推卸责任。

09 神经控制实验

未解之谜 美国政府的秘密神经控制实验计划到底是什么？

发生时间 20世纪50~70年代。

冷战总让理智的人做疯狂的事，最极端的事件就是由美国中央情报局赞助开展的神经控制实验，这个实验还包括一系列未知的计划。为了找到控制人类行为的方法，许多毫不知情的被试者付出了可怕的代价。

20 世纪 50 年代早期，美国情报机构认为它们的敌人掌握了神经控制术，甚至担心在朝鲜战争中被捕的美国军人就受到过此种控制术的影响。1953 年 4 月，美国中央情报局局长艾伦 · 杜勒斯（Allen Dulles）签署了神经控制实验计划。该实验的主要负责人西德尼 · 戈特利布（Sidney Gottlieb）被人指控研发秘密操控人类行为的生化放射性材料。

在接下来的 20 年中，美国中央情报局（有时候与其他机构合作）通过高校、医院、监狱和私营药品公司组成的网络管理着 150 多个计划。只有这些机构中的少数高层人物才清楚计划资金的来源，大多数人都被蒙在鼓里。研发神经控制术的动机千奇百怪。有人表示利用控制术来强化审讯和酷刑的手段；有人猜测其目的是制造吐真剂，抹除记忆，给犯人洗脑，或者仅仅是羞辱、伤害和诋毁目标人物；还有少数人宣称，情报局首脑想组建一支像电影《谍网迷魂》中的小型军队，为美国开展暗杀行动。

神经控制术的部分被试者被注射药品，其他人则被长时间地隔离，或者进行极端的感官剥夺体验，结果许多人的身心都出现了明显的症状。未经允许，精神病院的病人、犯人、吸毒者和其他弱势群体的人就被人在鸡尾酒里下了药，成为被试者。即使是那些自告奋勇的人（通常都是为了经济报酬）也没有了解足够的信息，都是在不知情的状况下接受了测试。

1974 年，《纽约时报》首次公开报道了有关神经控制的实验。政府方面做出回应，组织了一个以参议员弗兰克 · 丘奇（Frank Church）和副总统纳尔逊 · 洛克菲勒（Nelson Rockefeller）为首的调查委员会，深入调查军方和安全部门的活动。1975 年，丘奇和纳尔逊 · 洛克菲勒惊诧地发现中央情报局未经他们

思维控制 主图：1962 年的电影《谍网迷魂》将神经控制术令人不安的内容呈现出来。嵌图：苏格兰出生的精神病学家唐纳德·伊文·卡梅隆在项目中负责过致幻剂的人体实验。

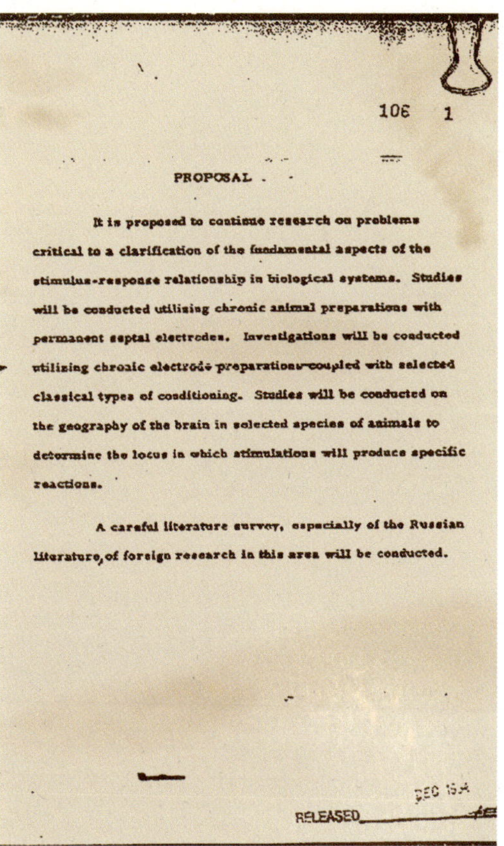

106 1

PROPOSAL

It is proposed to continue research on problems critical to a clarification of the fundamental aspects of the stimulus-response relationship in biological systems. Studies will be conducted utilizing chronic animal preparations with permanent septal electrodes. Investigations will be conducted utilizing chronic electrode preparations coupled with selected classical types of conditioning. Studies will be conducted on the geography of the brain in selected species of animals to determine the locus in which stimulations will produce specific reactions.

A careful literature survey, especially of the Russian literature, of foreign research in this area will be conducted.

RELEASED DEC 19..

确凿证据 这个文件显示了神经控制实验原始计划的部分内容。1995 年，美国中央情报局为了回应信息自由的要求而将其解密。

允许，花费了两千多万美元做实验。并且，这个计划不仅在美国开展，还扩展到了加拿大。该计划多年来钟情于使用迷幻药（LSD），被试者非自愿地接受了系统性注射，有时候这种实验会在公众场所即兴开展，以便观察被试者的反应。那些观测者通常都不是科学家，所以也使得大部分研究毫无用处。

1953 年，军方雇员弗兰克·奥尔森（Frank Olson）博士被秘密下药，一周后从 13 楼的窗户跌落致死。根据记录，他死于自杀，但他的家人称他是被谋杀的，因为迷幻药（LSD）的实验让他有了安全隐患。很多人相信，不管如何解释，他的死都是神经控制实验造成的。他的家人随后接受了总统的道歉，还得到了一大笔经济补偿，但说他是这起计划的唯一受害者，显然不足为信。我们对这个计划的规模及其破坏程度的认识还不全面，因为在 1973 年，有关神经控制实验的大部分官方记录都被时任中央情报局局长理查德·赫尔姆斯（Richard Helms）下令摧毁了。如今的这点文件资料由于归档错误，才偶然幸存下来。

鉴于美国是《纽伦堡公约》（*Nuremberg Code*）的主要推动方，而《纽伦堡公约》的起草是应对纳粹党开展的人体实验，那么美国官方介入这起未经被试者同意的实验更显得令人吃惊。美国情报局的高层想在冷战中取胜，却忘记了自己有责任保护公民的权利和安全，这点确凿的证据已经足够说明实验有多糟糕了。至于有关该实验恐怖之处的证据，还未来得及研究就已经被摧毁，我们只能靠想象猜测了。

10 佐治亚州神秘石阵

未解之谜 是谁创造了佐治亚州东北部的神秘石阵？

发生时间 1980年3月22日。

1980 年 3 月，人们见证了一场被广泛称为“美国巨石阵”的盛大揭幕仪式。5 块巨石撑起 1 块巨石，构成一个天文仪器。每块巨石上都用不同的语言刻着深奥难懂的文字。是谁主导了这份杰作的创造？他又受命于谁？这些都是无法破解的秘密。

1979 年 6 月很平常的一天，一名矮小干练、头发灰白、自称罗伯特 · C. 克里斯蒂安（Robert C.Christian）的男子出现在佐治亚州埃尔伯特县（Elbert County）的埃尔伯顿花岗岩精细加工公司（Elberton Granite Finishing Company）。他说自己代表“一群忠诚的美国人”来与花岗岩精细加工公司总裁乔 · 凡德雷（Joe Fendley）会面，他在会面时详细地解释了要委托这家公司进行的工程——将一些巨石打造成具有罗盘、日历和时钟功能的天文仪器。

起初，凡德雷对此十分怀疑。这是一项规模巨大的工程——5 块用于支撑的巨石约有 6 米（20 英尺）高，顶上的石块也相当巨大，6 块巨石约重 110 吨（25 万磅）。凡德雷从来没有尝试过如此庞大的工程，但他的客户能够提供详细的计划，加上又和花岗岩城市银行的行长怀亚特 · C. 马丁会过面，凡德雷确信克里斯蒂安有充足的资金，就接手了这个计划。买下一块地之后，着手这个工程的人再也没有见过克里斯蒂安。

每块巨石上都按克里斯蒂安提供的手稿刻上了文字，翻译成了 8 种语言（英语、西班牙语、俄语、中文、阿拉伯语、希伯来语、印地语、斯瓦西里语），共有 10 条指令。

1. 保持人类数量 50 亿以下，和大自然永恒共存。

2. 明智地指导生育，保证健康与多元化。

3. 用一种具有生命力的新语言团结人类。

4. 用沉着的理性主导热情、信仰、传统、万物。

5. 用公正的法律与法庭保护人民与国家。

6. 让所有的国家自治，在世界法庭中解决来自外界的纠纷。

7. 废止琐碎的法律，裁减无用的官员。

MAINTAIN HUMANITY UNDER 500000000
IN PERPETUAL BALANCE WITH NATURE
GUIDE REPRODUCTION WISELY
IMPROVING FITNESS AND DIVERSITY
UNITE HUMANITY WITH A LIVING
NEW LANGUAGE
RULE PASSION - FAITH - TRADITION
AND ALL THINGS
WITH TEMPERED REASON
PROTECT PEOPLE AND NATIONS
WITH FAIR LAWS AND JUST COURTS
LET ALL NATIONS RULE INTERNALLY
RESOLVING EXTERNAL DISPUTES
IN A WORLD COURT
AVOID PETTY LAWS AND USELESS
OFFICIALS
BALANCE PERSONAL RIGHTS WITH
SOCIAL DUTIES
PRIZE TRUTH - BEAUTY - LOVE -
SEEKING HARMONY WITH THE
INFINITE
BE NOT A CANCER ON THE EARTH -
LEAVE ROOM FOR NATURE -
LEAVE ROOM FOR NATURE

十戒 这是刻在纪念碑上的10条最具争议的表达。是谁写的？有何用意？

8. 让个人权利与社会责任保持平衡。

9. 珍视真、美、爱，寻求与宇宙的和谐。

10. 不要做地球上的毒瘤，谨记给大自然留有余地。

对这些话的解读五花八门。有些人认为这只不过是新时期无关紧要的官话，有些人从中看出了由公平和正义支撑的有价值及自由的安排，还有些人却从控制人口的号召、命令式的繁殖和新的全球语言中发现了一些更为邪恶的东西——法西斯主义。顶层的巨石上刻着埃及的象形文字、古希腊语、梵语和巴比伦的楔形文字："让这些话成为理性时代的准则吧。"写这话的人似乎只是将此作为重建灾后社会而拟写的指令。

但是，只有建造巨石阵的幕后人员才真正懂得这些文字的寓意。揭开真相的关键人物是罗伯特·C. 克里斯蒂安，但是很难在短时间内找到他。他坦陈自己用的是假名，并声称该计划已经策划了20年，继续匿名至关重要。克里斯蒂安在美国各地经营生意，根本不可能确定他的行踪。银行行长怀亚特·马丁是唯一知道他真实身份的人，却在2012年焚毁了所有与此相关的纸质文件，誓死将克里斯蒂安的秘密带进坟墓。

所以，我们只能靠猜测。有人坚信巨石阵是企图建立世界新秩序的犯罪团伙的杰作。有人指向玫瑰十字会（Rosicrucians），中世纪晚期兴起于德国的一个秘密神圣组织，根据其古老的宣言，"字母R.C. 应该是印章、标志和身份的意思"。他们推论，罗伯特·C. 克里斯蒂安显然是在暗指此意。另一种说法是这个巨石阵是未来外星人入侵的降落地。更庸俗的是，有人指控乔·凡德雷是在设计巨大的宣传噱头。不管事实如何，恐怕马丁先生的话最能引起共鸣，他说罗伯特·C. 克里斯蒂安"从始至终，他的身份和来历都要保持秘密。他说秘密就是这样，如果你想保持人们的兴致，那么你只能让他们知道这点儿信息"。

11 MJ-12

未解之谜 杜鲁门总统是否建立了一个委员会来管理美国土地上外星人的调查工作?

发生时间 1952 年。

20 世纪 80 年代中期，一系列惊人的文件从美国政府泄露了出来，被公之于众。文件中包含毁灭性的证据，证明美国总统任命秘密委员会管理和调查所谓的不明飞行物着陆以及与外星生命的联络。现在大多数评论者承认这些文件都是精心设计的骗局——但是幕后推手是谁，他为什么要这么做?

1984 年，一份被泄密的 8 页纸质文件开始轮番在飞碟学圈内引起轩然大波。据称，它揭露了美国总统哈里 · 杜鲁门（Harry Truman）是怎样发起“MJ-12 行动”的。“MJ-12 行动”形成于 1952 年，是由 12 位成员组成的委员会，目的是调查 1947 年在新墨西哥罗斯威尔迫降的 UFO。这帮人的行动不为外人所知，目的是利用美国人掌握的相关技术，寻找掩盖“罗斯威尔事件”的办法。此外，他们还要讨论如何管理未来与外星人的联络。

文件曝光一年后，一批 UFO 调查者被秘密分到美国国家档案馆“解密”备忘录，据说它是一位上将在艾森豪威尔总统任职期间发给白宫高层官员的。

文件明显包含了有关 MJ-12 的可靠内容。20 世纪 90 年代中期，也流传着一份关于 MJ-12 的手册。可是，美国联邦调查局和其他组织都断言这些文件是伪造的。

少数强硬的阴谋论者仍然坚信，MJ-12 是真实存在的，并且正无情地开展工作，甚至在必要时会杀人。飞碟学圈中的大部分人认为整件事情十分复杂，是一场精心谋划的骗局。持该意见的关键证据来自美国特别空军调查局（Air Force Office of Special Investigations）前雇员理查德 · 多蒂（Richard Doty），他称 MJ-12 是被蓄意设计来传播虚假信息的。

可是，为什么美国官方要这样费尽周折诋毁一个在众人眼中满是怪人的团体? 有人认为官方如此精心策划的目的是逐渐向公众透露地球并不是唯一承载生命的星球。同时，其他注重实际的人认为，这种传播虚假信息的活动只是在转移人们的注意力，让人们无意去揭露这种不想公之于众的神秘力量。

高度机密 美国总统哈里·杜鲁门是否下令组织高度机密的团体调查外星人降落地球？抑或 MJ-12 是一个由国家赞助的、精心设计的诡计？

12 黑袜丑闻

未解之谜 “光脚汉”乔·杰克逊（Joe Jackson）被人陷害了吗？

发生时间 1919年。

芝加哥白袜棒球队在1919年的世界比赛中参与赌球，这一大丑闻刺穿了美国的心脏。受人喜爱、极具天赋的棒球投手“光脚汉”乔·杰克逊的介入让情况变得更加糟糕。直到今天，他还被禁止进入体育界的名人殿堂。可是，“光脚汉”乔是否也是这个不公正审判的受害者呢？

“光脚汉”乔是一个民族英雄，可是在1920年，有人声称他和其他七位白袜棒球队员谋划操纵上一年的世界职业棒球大赛。随后杰克逊出现在了庞大的陪审团面前，人们简直都不敢相信（也许认为他是被冤枉的）。据说有一个小男孩恳求道：“乔，快说事实不是这样的。”乔要么沉默，要么就说：“孩子，恐怕事实就是如此。”

这次比赛作假事件是由一个赌博团体组织的，他们给重点棒球投手一大笔钱——通常情况下远远多于一年的薪资。1920年9月，虽然八名运动员都免去了刑事诉讼，却被体育管理委员会终身禁赛。毫无疑问，其余几名运动员的确操纵了场上的表现以确保特定的结果，但是杰克逊的辩护者指向比赛中的记录——他的成绩达到了比赛记录的平均水平，而且击球出局，没有差错。对于决心要输掉比赛的人来说，他表现得是否太好了？

大家都相信杰克逊本人知道这个阴谋。据说他至少两次拒绝巨额钱财，他尝试约见白袜队的老板查尔斯·科米斯基（Charles Comiskey），向他揭露该丑闻，但都没成功。其他目击者还证明乔甚至让科米斯基在世界比赛中安排他当替补，以免卷入其中。虽然他后来承认自己也参与了其中，但是争论的重点在于，他是否该为没能阻止这次作假负罪责，而不是他是否被动参与。他当然收了钱，但好在他是在拒绝之后被迫接受的。其他共谋者甚至证实他缺席了那次改变赛事的会议，承认他们只是冒用他的名字来增加赌博集团的信用。

像杰克逊这样一个简单实在的人，却成了体育界的替罪羊。1949年，他告诉《体育杂志》：“我敢说我对得起自己的良心，我会保持那次在世界职业棒球大赛上的记录。”

C

13 卡廷森林大屠杀

未解之谜 西方同盟国帮助斯大林掩盖了第二次世界大战的暴行吗?

发生时间 1940 年。

1990 年，苏联即将解体之际，克里姆林宫承认了之前归咎于纳粹党的战争罪行。1940 年 4 月和 5 月，斯大林的秘密警卫队屠杀了 22000 多名波兰警察及其他波兰战俘，受害者大多遇害于苏联西部的卡廷森林。但是美国和英国是否串通一气掩盖了这个事实?

斯大林下令分批处决波兰军方人员及知识分子，他相信这样可以阻止波兰破坏苏联霸权。1939 年，在《苏德互不侵犯条约》的荫蔽下，两国双双入侵波兰，这场恐怖的屠杀行动正是在此时进行的。

1941 年，希特勒和斯大林交战，波兰被德国占领。1943 年，柏林政府宣布发现了卡廷坟墓，流亡伦敦的波兰政府要求国际红十字会调查此事。斯大林不肯配合，称这些受害者是在 1941 年被纳粹党所杀的。这个弥天大谎直到 1990 年才被揭穿，但有可靠的证据证明，英美政府早在此前就知道了事情的真相，两国政府都没有指控苏联这个战时的盟友。

纳粹发现坟墓的报道出来没多久，丘吉尔便自豪地告诉一个波兰军方的高层人士：“德国的大揭秘很可能是真的，布尔什维克党是很残忍的。”此外，1943 年，纳粹党带领同盟国的战俘去查看尸体。大多数人都相信这的确是苏联犯下的罪行，并给美国政府发送加密信息，就是为了能让信息在政府最高层中被压下来。英国驻波兰流亡政府大使欧文 · 欧马力给罗斯福总统送了一份报告，上面总结道：“现在有大量的反面证据，它们所积累的效应让人们对苏联否认大屠杀产生严重的怀疑。”

罗斯福和丘吉尔都十分警惕斯大林，但又都知道他们的命运紧紧地联系在一起。虽然战争时代要求首领们要清醒地注重实际，但是卡廷森林大屠杀被国际密谋掩盖的事实，对于牵涉其中的国家来说，确实是一个污点。

恐怖的场面 一幅纳粹海报描绘了卡廷森林发生的惨案。由于英美两国政府对此视而不见，纳粹政权急于将这起事件作为自己的政治资本。

14 伊莎贝拉·斯图尔特·加德纳博物馆失窃

未解之谜 一批伟大的艺术杰作被盗，它们现在在哪儿？
发生时间 1990年3月18日。

这是历史上最胆大妄为的艺术盗窃案，著名的波士顿伊莎贝拉·斯图尔特·加德纳博物馆被盗走了13幅艺术名作。盗贼们偷了诸如伦勃朗、维梅尔、德加、马奈等传奇人物的名作，保守估价总额达5亿美元。20多年过去了，这些被盗的作品仍未物归原主。

两名男子伪装成波士顿警察犯案。他们告诉保安自己接到报警电话赶来，保安就让他们进去了，然后盗贼将保安和保安的一名同事捆绑在一起。第二天早上安全警报响起的时候，盗贼早就将许多房间里的杰作卷走了。有几幅画作非常著名（包括伦勃朗的《加利利海风暴》），以至于无法在市场上公开售卖。此外，从盗贼在楼层之间转移的方式来看，他们是按订单盗窃的，可能听令于某个超级邪恶的私人艺术收藏家。

美国联邦调查局竭力找回这些杰作，但都以失败告终。我们完全有理由相信这些失窃的艺术品在马萨诸塞州、康涅狄格州和费城之间频繁流动，虽然在21世纪初期，有人看到过其中一些作品，但追踪线索很快就断掉了。

2013年，加德纳博物馆和联邦调查局联合提供了500万美元的奖金以换取艺术品的安全归还。由于最初的盗窃罪已经超过法律的立案期限，只要有人愿意配合，将盗窃的杰作上交就不会被起诉。可是这个方法并不奏效。目前最有利的情报是在2010年，联邦调查局找到了与此案有关联的三个男子。即便如此，他们也没有被判重罪，到2013年，仅剩一人在世（他坚决否认牵涉其中）。然而，艺术品的去向始终是个谜。

显然，有一些职业罪犯清楚地知道加德纳储藏室的位置。很难想象他们如何从这些“烫手山芋”般的艺术品中获利。他们能否良心发现，将它们归还以供世人再次观赏？也许时间会给出答案。

安保严密? 波士顿市中心的伊莎贝拉·斯图尔特·加德纳博物馆是美国最大的艺术馆之一，外形雄伟壮观。可在 1990 年，盗贼轻而易举就攻破了它的安防。

丢失的名画 马奈的《在托托尼》，作于 1878 年到 1880 年间，是被盗的名画之一。这些丢失画作的总价值约为 5 亿美元。

15 李斯顿对决阿里

未解之谜 拳击手传奇人物桑尼·李斯顿是故意输给了他最强大的对手吗?

发生时间 1965年5月25日。

桑尼·李斯顿(Sonny Liston)和穆罕默德·阿里(Muhammad Ali)曾有两次对决。第一次交锋是在1964年,阿里(当时名为卡修斯·克雷,Cassius Clay)排除万难,在第七回合打败了冠军李斯顿,这个消息引起了轰动。一年之后的再次对决持续不到一个回合,李斯顿就被打倒在地,但是上千万的粉丝都不相信李斯顿就这样被打倒了。难道正如许多人所说,李斯顿故意输掉了比赛?

"世纪之战"是一个被过度使用的短语,但是李斯顿和阿里的第二次交战真正称得上是世纪之战。1965年5月25日,两人在缅因州路易斯顿进行了第二次较量。克雷(现名为穆罕默德·阿里)在整个过程中表现出色,但是只有傻子才不会把李斯顿放在眼里。

但就在第一个回合的半途,李斯顿像一麻袋土豆一样倒在了拳击场上。裁判判他出局,现场及电视机前的亿万观众都感觉受到了欺骗。他们主要抱怨的是阿里看上去并没有对李斯顿下狠手。由此诞生了所谓的"幻影拳击"。

很多人认为李斯顿在比赛中没有倾尽全力。虽然有评论者说那是"神速"的致命一击,但是著名体育作家吉米·坎农则说阿里的那一拳"连葡萄都打不碎"。李斯顿很快就被传故意输掉比赛,直到1971年自杀。

如果他真的故意输掉比赛,那么可能有人给了他足够的钱来达到这个效果。也有人说李斯顿欠了某些厉害的黑帮头目的钱——难道这场比赛就是向他们还债吗?另一个解释是与阿里的宗教和政治积极性有关。他当时刚皈依了伊斯兰教,还加入了以伊利贾·穆罕默德(Elijah Muhammad)为首的黑人穆斯林组织。难道伊利贾的手下买通桑尼(可能通过他的家人)以确保他们自己人能获胜?确实发生过比这更离奇的事情,尤其是在拳击行业。

2014年,经解密的文件揭露了联邦调查局怀疑第一场比赛也作了假。1966年,在联邦调查局局长J.埃德加·胡佛的备忘录中,与帮派有牵连的拉斯维加斯赌徒阿什·雷尼克被指操纵了比赛结局。阿里与李斯顿的这场传奇对决并不是表面看上去的那样简单!

世纪之战 李斯顿和阿里是迄今为止最出色的拳击手，他们的各种比赛都会引来全球关注。为什么第二次交战会结束得如此迅速呢?

16 失踪的爱尔兰王冠珠宝

未解之谜 盗窃爱尔兰王冠珠宝的小偷身份是否被隐瞒？
发生时间 1907 年 7 月 6 日。

圣帕特里克勋章制度是在 18 世纪晚期由英国和爱尔兰国王乔治三世设立的。它标志性的勋章后来被称为爱尔兰王冠珠宝。1903 年，珠宝被转移到都柏林城堡保管，4 年之后遗失，再也没有找回。难道官方故意包庇作案犯人以避免传出丑闻吗？

此勋章——爱尔兰王冠珠宝由一颗五角星和徽章组成，嵌有约 400 颗珍贵的宝石，有钻石、红宝石和绿宝石。由爱尔兰首席纹章官（Ulster King of Arms）保护，1903 年，勋章本来要放在都柏林城堡密室中一个专门设计的保险箱内，可是，保险箱太大了，无法进入密室，最后就放在了国王的护卫军阿瑟 · 维卡斯（Arthur Vicars）的办公室里。好几个人都有这个房间的钥匙，但是，只有维卡斯保管着保险箱的钥匙。

1907 年 6 月 11 日到 7 月 6 日的某个时间，勋章不见了。不久，苏格兰的首席侦探官约翰 · 凯恩（John Kane）就被召来协助都柏林警察调查此案。今天仍然有传言说他发布了一份嫌疑人名单，但被爱尔兰官方压制了。同时，召开的特别会议也没能找出罪犯，反而控告维卡斯失职，没有“保管好珠宝”。

流言四处传播。有人说是民族主义者所为，有人怀疑是统一党的阴谋（可能是为了让当时的自由党政府难堪）。还有人说维卡斯中了美人计，而他反过来指控了自己的副手弗朗西斯 · 沙克尔顿。

沙克尔顿是传奇极地探险家欧内斯特（Ernest）的弟弟，却注定成为家族的耻辱。几年后，他很可能会因欺诈罪服刑，带着枉加的罪名度过余生。根据 1908 年一份美国的报道，他（可能是同谋）就是盗贼，若被起诉的话，得交代在都柏林城堡中那些不光彩的行为，比如和别人的同性恋关系，这在当时是非法行为。维斯卡成了替罪羊，只得辞职，即便他后来打赢了与《每日邮报》的官司也于事无补。1921 年，他被爱尔兰共和军的叛乱分子射杀，抱恨离世。今天的证据表明，他完全有理由愤恨。

爱尔兰贝德福德塔 主图：王冠珠宝曾经就位于这座精美绝伦、雄伟壮观的都柏林城堡中。嵌图：护卫军阿瑟·维卡斯命运悲惨，他认为自己是这场盗窃案的替罪羊。

17 《锡安长老议定书》

未解之谜 是谁伪造了一份掀起长达几十年残暴排犹主义的文件？
发生时间 约1903年。

《锡安长老议定书》是19世纪末20世纪初的一份伪造的文件，据说是高层犹太领导（锡安长老）的会议记录，讨论全球统治计划。虽然早在1921年就被确认为伪造文件，可它却造成了恐怖的后果，先后在俄国及全球掀起了排犹主义。但谁是罪魁祸首呢？

议定书冒充几年前的一场会议纪要，首次出版时间是在1903年。文件揭示了犹太人通过颠覆非犹太人的道德以及操纵世界银行和媒体来建立世界霸权的阴谋。这与长期的反犹太主义相互呼应，在接下来的三年里，这份文件陆续出现在俄国的各种出版物中。

1905年，俄国在战事上被日本击败，后来发生的革命也带来不小的破坏，人们都将这一切归咎于犹太人。有人认为此书的发行是为了说服沙皇尼古拉斯二世（Czar Nicholas Ⅱ）不要向现代化主义者们妥协，否则犹太人将接管这个世界。1917年十月革命之后，文件被逃跑的“白俄罗斯人”带到西方，他们企图在列宁领导的布尔什维克党取得胜利之后对犹太人进行甄别。该文件在欧洲和美国吸引了大量的读者，美国的汽车制造大亨亨利·福特（Henry Ford）亲自印刷了50万份。

然而，早在1921年就有可靠的证据证明此文件是伪造的。波兰－立陶宛公主凯瑟琳·拉齐维尔（Catherine Radziwill）告诉纽约的一位听众，她在1905年就见过这份手稿，并且知道俄国安全部门的一位高层人士命令两位俄国记者撰写了这份文件。虽然她并不是最可靠的目击证人，但她的证词得到权威的《泰晤士报》一篇报道的支持。报道表明大量的议定书内容都是从1864年法国人莫里斯·若利（Maurice Joly）攻击拿破仑三世统治的文章中抄袭而来的。文章描述的是马基雅维利（Machiavelli）和孟德斯鸠（Montesquieu）在地狱的对话，这部作品却被该议定书的作者抄袭，他将马基雅维利的话作为锡安长老的观点。后来的研究表明，议定书的其他内容也是从德国作家赫尔曼·奇奥卡其（Hermann Geocache）1868年的小说《比亚里茨》（*Biarritz*）剽窃而来。

"The Protocols"

WITH

PREFACE AND EXPLANATORY NOTES

The possession of these documents in Soviet Russia is punishable by immediate death.

WHY?

EVERY PATRIOTIC AMERICAN MUST READ THESE PROTOCOLS

有毒之笔 前页图：1934 年，美国版议定书由芝加哥“爱国出版有限公司”出版。上图：1911 年俄语版的首页插图。

然而苏联解体后，俄罗斯解密的一些档案似乎确定了一位主要的议定书起草者的身份。他名叫马修·格罗温斯基（Mathieu Golovinski），一个与法国联系紧密的俄裔贵族。身为政治积极分子和作家，在投靠布尔什维克共产党之前，他曾经是沙皇的支持者。出于偶然，他受命于当时的俄国情报局巴黎办事处的领导皮约特·拉克阔夫斯基（Pyotr Rachkovsky），从事间谍工作，在 19 世纪末 20 世纪初拟写议定书。格罗温斯基还认识查尔斯·若利（Charles Joly，莫里斯·若利的儿子），他们都在巴黎受雇。这样看来，凯瑟琳公主一直都是对的。

虽然造假证据确凿，议定书依然吸引了大批读者，包括阿道夫·希特勒本人，他将议定书当作反犹太政策的正当理由。他固执地认为反对者们就是它真实存在的证明。（他说：“他们会这样说的，难道不是吗？”）希特勒在他的政治宣言《我的奋斗》中叫嚣：“……这是件好事，他们揭示了犹太人的本质和他们的活动，证据确凿，令人恐惧，这份文件暴露了他们的内心，也揭示了他们的终极目标。”如今，这本被当作史实材料的书依然在世界各地有售。

虽然主要作者是谁的问题已经清晰，但很难想象议定书是拉克阔夫斯基臆造出来的。这部伪造的作品渊源到底有多深？是通过怎样的层层命令下达而炮制出来的？还有哪些俄国社会的重要人物串通一气，合谋让这一充满憎恨的作品显得如此逼真？鉴于议定书传播的广度和深度，我们不得不怀疑它是一个复杂而又可怕的阴谋的产物。

也许整个故事最阴暗的一面就是，即便有充足的证据证明议定书是为了愚弄众人，但还是有人利用它来支持自己的政治活动。在 20 世纪初的俄国，议定书原本只是一个恶毒的策略，用来鼓励大势已去的沙皇尼古拉斯二世采取强硬的手段对付国内的对手，结果一个多世纪都被当成工具，用来证明对犹太人的滔天罪行是正当的。

18 《伏尼契手稿》

未解之谜 是谁制造了一份加密的中世纪神秘手稿，为什么？
发生时间 15世纪早期。

康涅狄格州耶鲁大学图书馆藏有世界上最耐人寻味的书，《伏尼契手稿》便是其中一本。20世纪早期，它因波兰稀有书书商伏尼契的发现而得名。书的内容经过加密，如今还没人能翻译出来，书中还有一些深奥难懂的插图。有人认为这是凭空捏造的骗局，其他人则认为它最终将揭示一些伟大的智慧。

《伏尼契手稿》比A5纸略小，约5厘米（2英寸）厚，约240页（牛皮纸），是用某种未知语言手写的文本。大部分内容都是一些错落有致的奇特插图和图表。通过碳元素测定，确认手稿写于15世纪头40年间。根据插图性质，可以将文章分为5个主体部分：生物、占卜、医药、草药和处方。

追踪手稿的所有者，本身就是一件了不起的功绩。1912年，伏尼契带着手稿到意大利，发现里面有一封信写道：神圣的罗马皇帝鲁道夫二世（1552—1612）曾经花600达卡银币（约为当今的10万美元）买下了它。后来又辗转到乔格·巴尔克（Georg Baresch)的手中，他是17世纪早期一位活跃于布拉格的炼金术士。1666年，巴尔克激发了阿塔纳斯·基歇尔(Athanasius Kircher)对此书的兴趣，后者是一位耶稣学者，因破译古代语言而闻名。

基歇尔想买下它，但巴尔克不卖。巴尔克死后，手稿传到了他朋友约翰尼斯·马库斯·玛西（Johannes Marcus Marci）手中，他是布拉格查尔斯大学的牧师。之后他又将书交给基歇尔查看。有关该书的线索就此中断，直到威尔弗雷德·伏尼契在意大利的罗马学院工作时发现了它。1930年，他去世之后，手稿辗转流落于很多人手中，直到1969年，手稿被捐给了耶鲁大学。

虽然有一些模糊不清的符号影响了统计的精确性，但大家普遍认为这本书约有17万个符号。语言学家指出这种“语言”是由20~30个主要的符号构成的。许多世界顶尖的密码学家，包括第一次世界大战、第二次世界大战中著名的破译员，多年来一直尝试破解密码，但至今没有任何进展。

因为没有取得任何进展，有些人便觉得

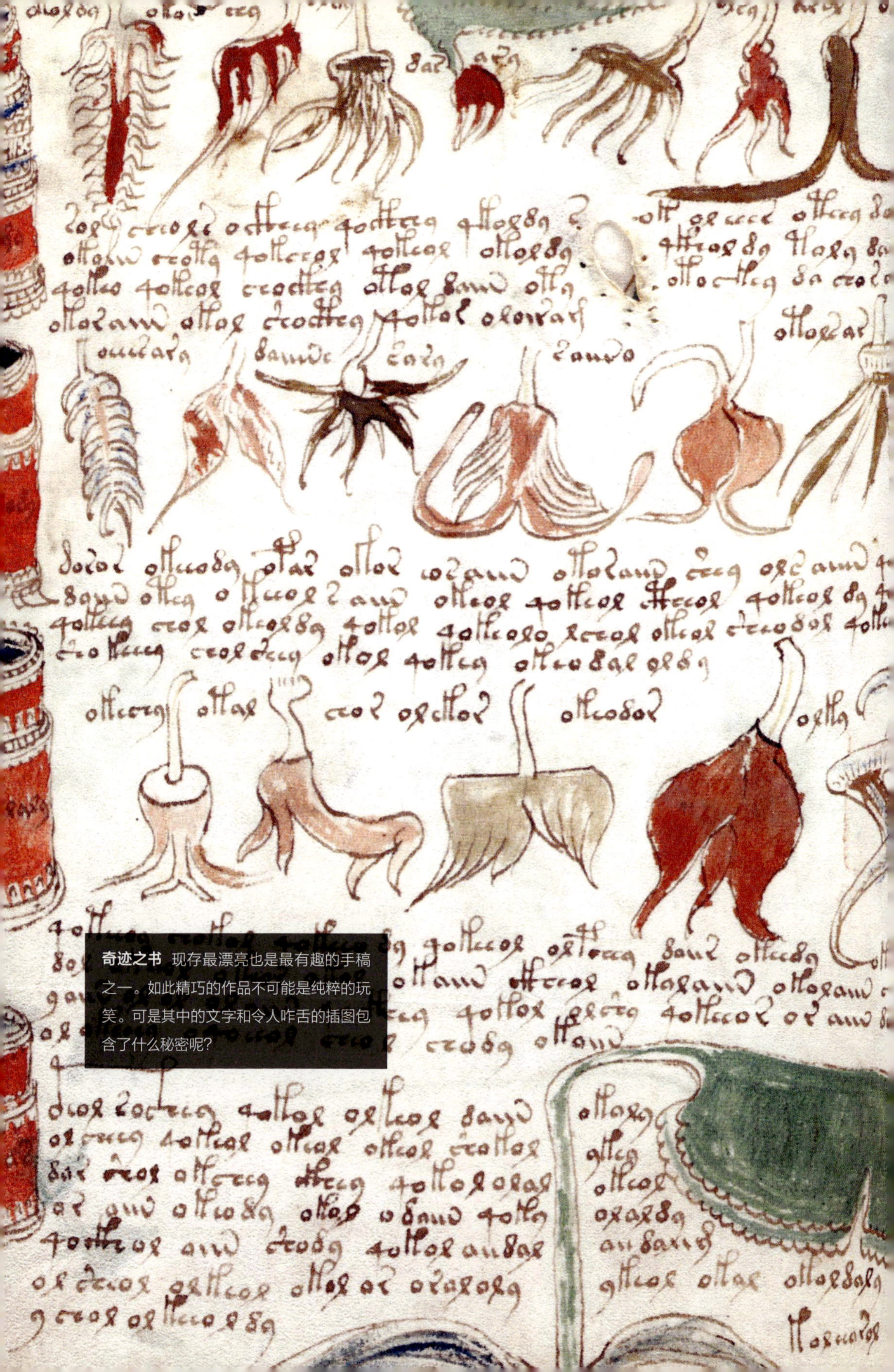

奇迹之书 现存最漂亮也是最有趣的手稿之一。如此精巧的作品不可能是纯粹的玩笑。可是其中的文字和令人咋舌的插图包含了什么秘密呢？

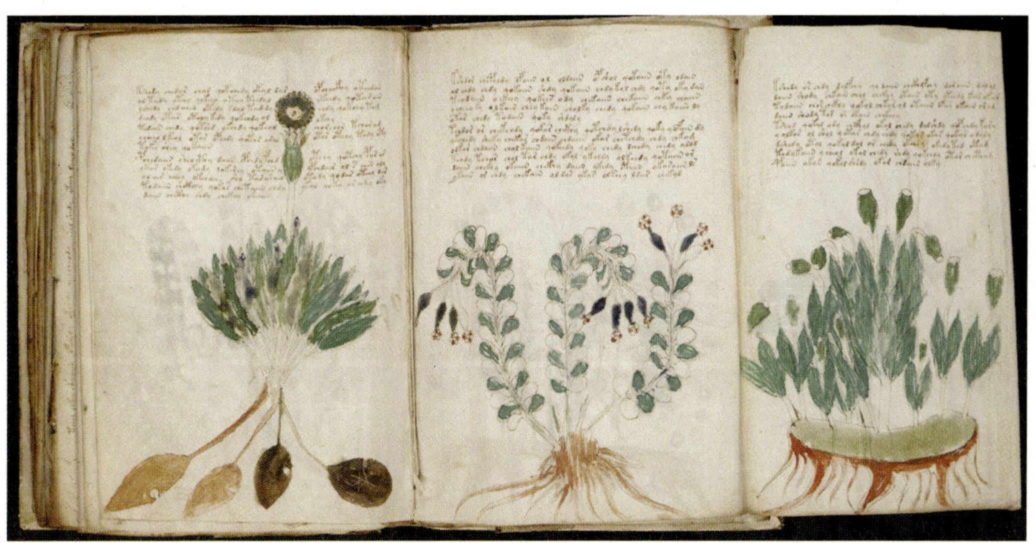

没什么可破解的。也就是说，他们认为这书用的语言就是一堆废话，整篇手稿就是一场恶作剧，欺骗人们相信在这些密码里隐藏着巨大的秘密。这到底是为了金钱利益，还是纯粹恶搞，依然存在争议。

人们猜得最多的作者是 14 世纪圣方济会教士、哲学家罗杰 · 培根（Roger Bacon），不过培根的在世时间和手稿的存在时间不那么吻合。还有人认为该手稿的作者是另一位学识渊博的人，即列奥纳多 · 达 · 芬奇。此外，约翰 · 迪伊（John Dee）（伊丽莎白时代声名狼藉的数学家和占星术士）和爱德华 · 凯利（Edward Kelley）(仿效自己偶像的炼金术士、迪伊的犯罪同伙）是最有可能将手稿卖给鲁道夫二世的罪魁祸首——还有传言称他们当中一个或两个都参与伪造了手稿，目的是骗取皇帝的钱财。

如果手稿是一场骗局，那它的创造者可谓用尽了心思。在那个时代，一个不算高明的伪造都能蒙蔽欧洲的宫廷，为什么还要浪费时间、精力和金钱来伪造一份直到 21 世纪都使专家们迷惑不解的文稿呢？但是在 2003 年，英国基尔大学的电脑科学家戈登 · 鲁格（Gordon Rugg）根据 16 世纪的加密设备设计了一款程序，并宣称该程序在三个月内就能帮助伪造出这份看似毫无意义的手稿。

怀疑依然存在，因为晦涩的手稿和不计其数的复杂插图不像是伪造的水准。几位顶尖的语言学家运用数据分析，发现了符号中有一种规律与已知的语言相同。符号代表的是一种全新的语言还是现存的加密语言引起了激烈的讨论，但可以肯定的是，手稿绝不是随意发挥和毫无意义的，其中的真相需要人们继续去寻求。也许正是由于人们对于真相的追求才使得手稿如此有魔力。至少，我们可以确定作者将谜底带进了坟墓，以此向世人发出挑战。

19 失踪的玛雅文献

未解之谜 被西班牙传教士摧毁的玛雅经典中隐藏了什么秘密？

发生时间 1562年7月12日。

玛雅文明的消失是最神秘的历史事件之一。为什么繁荣了2500多年的世界领先文明之一的玛雅文明突然崩塌？可惜的是，有史以来最糟糕的文化破坏导致我们对玛雅文明的了解骤然减少，比如主教迪戈·德·兰达（Diego de Landa）的“虚荣的篝火”（bonfire of the vanities），让我们付出了无法估量的代价。

这是一个困扰了历史学家、考古学家和人类学家数个世纪的难解之谜：在8世纪至10世纪，是什么摧毁了伟大的中美洲玛雅文明？战争或内乱？疾病？自然灾害？过度狩猎？外星人入侵？这些猜测都值得思考。如今，大家都认为玛雅文明的消失是由于过度砍伐森林带来的长期干旱造成的。

不管是什么原因导致了玛雅文明的衰落，玛雅人大批地逃离自己的城市，从此永不返回。16世纪，西班牙征服者来到这片土地的时候，玛雅人后裔零散地分布于现代的伯利兹、萨尔瓦多、危地马拉、洪都拉斯和墨西哥。玛雅的文化元素通过他们以及大量的文本和刻有复杂的玛雅语言符号的纪念碑得以延续。玛雅人是技艺精湛的科学家、数学家和建筑师，他们的文化包含了丰富的唯灵论。总之，这些古人给现代世界留下了丰富的智慧。然而，在当时的西班牙人定居者中，有一位天主教士，他叫迪戈·德·兰达，是犹卡坦（Yucatán）的大主教，当时正在执行一项奇特的精神使命。

一方面，迪戈·德·兰达在他的作品《征服前后的犹卡坦》中对玛雅人进行了人类文化学研究；另一方面，由于对天主教的狂热以及震惊于玛雅文明的活人献祭，迪戈·德·兰达在1562年7月12日组织大量焚烧玛雅文明的书籍和图腾。他称有27本书葬于火海，但有人说真正的数量是它的100倍。无论这个确切的数量是多少，除了4本在大火中幸存的法典，他几乎清除了所有的玛雅文字记录。

自19世纪以来，玛雅文字基本上都是通过对这次幸免于难的文本，以及之后玛雅文明考古发现的研究而破解的。但是，被大主教付之一炬的东西却永远地消失了。

20 克里普托斯密文

未解之谜 中央情报局总部雕塑上的第四段密文的真实信息是什么？

发生时间 1990年。

克里普托斯（Kryptos）是美国中央情报局广场上的一座雕塑作品，位于美国弗吉尼亚州兰利市。它由吉姆·桑伯恩（Jim Sanborn）设计，刻有四段加密信息，每一段都极难破解。前三段密文已被破解，这是一个意义非凡的成就。但是第四段还有待破解——每天都有许多世界著名的情报专家尝试破译，但都没有成功。

克里普托斯（希腊语意为“隐藏”）是由桑伯恩在赢得25万美元奖金后，与中央情报局前密码破译员爱德华·沙伊特（Ed Sheidt）联合设计而成的。雕塑由四块弯曲的大铜板组成：每块都有加密信息，包含26个拉丁字母和许多问号。

桑伯恩承认第四段密文是最难破译的，但前三段密文有望在几周内破译。事实上，雕塑落成的好几年后，前三段密文才被破译。1999年，一名加利福尼亚计算机科学家公开说他已经解开了密码，但是中央情报局宣称它也在同年破译成功。最终，成功破译密文的殊荣属于国家安全局，它早在1993年6月就组织团队想出了破解方案。

第一段密文是桑伯恩创作的诗；第二段写的是藏在兰利地下的某样东西（中央情报局前局长威廉·韦伯斯特知道具体位置）；第三段指的是霍华德·卡特（Howard Carter）1922年发现图坦卡蒙陵墓的记述；第四段密文由97个符号组成，内容还是一个未解之谜——其中许多有意无意的拼写错误更是增加了破解的难度。

大批专业和业余的密码破译者们继续攻克难题，桑伯恩设立了一个官方网站来验证可能的破解方案（大多数方案都无法验证）。2010年，为了推动破译工作的进展，桑伯恩甚至还提供了一条线索。在克里普托斯20周年之际，他揭示密文中的字母“nypvtt”指的是“柏林”（Berlin）。

但迄今为止，密文仍然有待破解。“我认为保持它的神秘感是一件好事。”桑伯恩说，“我可能会在10年之后再提供一些其他的线索，如果我还在世的话，20年之后我再来提供一些线索。”

21 夏格伯勒碑文

未解之谜 英国的一座庄严宅邸中的纪念碑上那串神秘的字母代表了什么意思？

发生时间 18世纪中期。

被称为牧羊人的大理石纪念碑坐落于英国斯塔福德镇夏格伯勒庄园。纪念碑底部刻着八个字母——O U O S V A V V——这排字母稍往下边两侧分别刻着字母 D 和 M。这是在向一个臭名昭著的秘密团体传达信息吗？不管是什么企图，这串字母让那些最优秀的密码学家都困惑不解。

夏格伯勒庄园占地 365 公顷（约 900 英亩），是利奇菲尔德勋爵的祖传宅邸。17 世纪 20 年代，安森家族拥有了这座宅邸，并于 18 世纪 40 年代将它扩建。虽然托马斯·安森（Thomas Anson）开启了这项扩建工作，但是他弟弟乔治（George）才是最大的出资者，他弟弟积聚了大量的财富，在英国是人人称羡的成功人士。

牧羊人纪念碑修建于 1748 年至 1763 年，由著名的佛兰德雕塑家皮特·辛美克斯（Peter Scheemakers）雕刻而成。这串神秘字母上面还刻着一幅画，是由巴洛克大师尼古拉斯·普桑（Nicolas Poussin）创作的，名为《阿卡迪亚牧羊人》。这幅画的原版珍藏在巴黎卢浮宫内，画的是一名女子和三个牧羊人站在墓碑旁边，指着上面的碑文“我也在阿卡迪亚”。

但是下面那一串字母代表什么意思呢？开头的 D 和结尾的 M 用法刚好和罗马墓碑上的字母一样，是短语“Diis Manibus”的首字母缩略词，大致的意思为“上帝的神灵”。剩下八个字母一直是个谜，困扰着包括陶艺家约西亚·威基伍德、查尔斯·狄更斯和查尔斯·达尔文等著名人士。他们都不能给出一个满意的解释。

最广泛的说法是这串字母与郇山隐修会的秘密有关，据说郇山隐修会是圣殿骑士的继承者。《达·芬奇密码》的作者丹·布朗及其他一些人认为郇山隐修会是宗教遗产的守卫者，郇山隐修会守护了包括圣杯在内的无价之宝，也保住了有关耶稣基督真相的关键认知。多年来，普桑一直是郇山隐修会的领导人物，这引发了外界的猜测，在夏格伯勒纪念碑上刻上他的主要作品绝不是偶然。有人据此争辩道，这恰是解密的关键。

O·U·O·S·V·A·V·V
D·
M·

牧羊人的喜悦 《阿卡迪亚牧羊人》是由尼古拉斯·普桑于 1637 年至 1638 年创作的，现珍藏于巴黎卢浮宫内。这幅画被刻在夏格伯勒墓碑上，有无数研究者想要找出其中隐藏的秘密。

如果雕刻的字母是指圣杯的去向或者为揭露某个秘密，仍然还没有人能够破解它准确的指示。一位拥有军事背景的匿名美国人运用复杂的坐标解码技术找到了这个短语“Jesus H Defy”，他指出 H 代表的是希腊字母“chi”（代指“Christ”，基督），他将此解读为基督是一个世俗的先知，并不是神。难道这是郇山隐修会要传达的信息？毫无疑问，这位匿名的解码人拥有高超的技巧，但是还很难下定论说他解开了这个谜团。

大约在 2005 年，一个资深的解密专家团队（曾在第二次世界大战期间成功破解臭名昭著的德国密码），此时却对夏格伯勒之谜束手无策，在提供解决方案时模棱两可，无法确定。其中一个解密专家希拉·劳恩（Sheila Lawn）的观点与 20 世纪 50 年代提出的一个理论吻合，她认为这些字母最有可能代表一个拉丁文句子：“Optima Uxoris Optima Sororis Viduus Amantissimus Vovit Virtutibus”，意思为“最好的妻子、最好的姐妹、鳏夫最充满爱意的誓言”，是乔治·安森献给亡妻的题词吗？另外，希拉的丈夫和在布莱奇利公园工作多年的同伴奥利弗则指出，只有郇山隐修会的解释才可能站得住脚。

稍微运用一下横向思维，有人认为这些字母是一段《圣经》或一首古典诗的藏头诗。一位专门破解密文的破译员 A.J. 莫顿（A.J.Morton）认为这些字母刻于 19 世纪，不过只是安森家族后辈们的名字首字母组合。同时，作家皮特·欧伯格（Peter Oberg）称这些字母指的是橡树岛上的“钱坑”（Money Pit），它靠近新斯科舍海岸，一个传说中的藏宝之地。

古风的涂鸦、爱情诗歌、通往古迹的秘密或者揭示宗教秘密——题字背后的真相仍然模糊不清。夏格伯勒庄园的总经理理查德·坎普说道：“当然，它们有可能是家族秘密，家庭成员都了然于心，不会带来什么后果。就好比珠穆朗玛峰，因为它存在，所以你要去攀登。同样，这里有密码，所以每个人都想去破解它。”

22 罗斯林教堂

未解之谜 苏格兰这座教堂奇怪的雕刻背后隐藏了什么真相?

发生时间 约15世纪80年代。

罗斯林圣马修大教堂坐落于苏格兰埃斯克山谷（Esk Valley），是中世纪的谜之杰作。大多数猜测都集中于室内奇特的雕刻，其中的寓意令人捉摸不透。有人宣称这与共济会和圣殿骑士团有关联，但是丹·布朗的《达·芬奇密码》认为它是解开圣杯传奇的关键。

1446 年，凯斯内斯郡伯爵威廉·圣·克莱尔（William St Clair）开始建造这座教堂，直到 15 世纪 80 年代才竣工。教堂建成后，里面有很多令人叹为观止的石匠杰作。例如非凡的普伦蒂斯支柱（Prentice Pillar），据说这是由一个技艺高超的石匠凿成，竣工后，主人看到如此壮观的建筑，心生嫉妒，将他灭口；还有约 120 个长满胡须的绿人形象被凿进教堂的墙壁，天花板周围还有 213 个立方体，每个立方体都刻有 12 个神秘符号中的一个。这些特征，是否正如其他人所言，真的承载了惊天的秘密?

有关圣殿骑士或共济会密码的猜测都败于这样的事实：圣殿骑士团解散 130 年之后，教堂才建立，并且在有关文件提到共济会之前，教堂就已经存在好几百年了。基于这些站不住脚的联系，我们很容易就会否定雕刻的密文与圣杯有关的猜测。

但这并不意味着这些精湛的石雕工艺没有包含其他或者同样令人惊奇的信息。比如，那些绿人就与异教徒相联系，而普伦蒂斯支柱雕刻着显然《圣经》里没有的龙图腾。难道威廉·圣·克莱尔在传达一个复杂的信仰体系，并且该体系不仅仅只包括他的天主教信仰? 有人认为教堂是一个寓言故事的写实表现，绿人就是故事的主题。从教堂东部开始，环绕整座教堂，人物的年龄随之增长。教堂东部，图形展示的是新生命、春天等；到了教堂北部，绿人变老了，主题是死亡。由此看出，教堂告诉我们的是有关生命本身发展的神话。

其他评论家认为，雕刻最有意思的是它们破坏了大众接受的历史叙事。据说教堂里还有这些图像：印第安人甜玉米和美国仙人掌——这些植物都来自 1492 年哥伦布发现的新大陆，

绿人 教堂内壁上长满胡须的人像雕塑引人好奇，他们与异教徒的联系难道是解开罗斯林教堂秘密的线索？

反思之地 自 15 世纪以来，这座教堂就是苏格兰埃斯克山谷的地标，它是否告诉了我们某些已经长久被遗忘的真理？

普伦蒂斯支柱 罗斯林令人叹为观止的普伦蒂斯支柱是教堂最为引人注目的特色之一，有很多关于它的神话和流言，比如它的创造者惨遭屠杀的故事，还有对共济会的暗示。

然而教堂早在此前10年就已建成。教堂的建筑师是怎么预先知道这些美洲植物的？有人确信他们并不知道，说这些图像实际上是常见的中世纪艺术符号的变体。还有人则认为教堂是珍稀和异域知识的源泉。

也许最令人捉摸不透的就是天花板上的立方体。最引人注目的一种说法出自托马斯·米切尔和斯图尔特·米切尔 (Thomas and Stuart Mitchell) 父子组成的团队。在世纪之交的许多年里，他们经仔细琢磨后给出的解释是一种乐谱。立方体上的12个谜之符号，每个都代表了一种克拉德尼波形，这些波形是由18世纪恩斯特·克拉德尼（Ernst Chladni）观察后首次得出的，金属碟上的粉末由于稳定的音符震动而显示出不同的形状。比如，中低调C是菱形，而其他音符则是六角形、钻石形和花朵形。立方体上都有这些符号，那就引出了这样一个问题，难道罗斯林的建筑师在克拉德尼出生几百年之前就已经知道了克拉德尼波形？

在他的父亲提出这种可能之后，斯图尔特·米切尔据此谱写了管弦乐，之后一直在教堂里演出。有趣的是，这段弦乐有一段进行曲为众所周知的《魔鬼的间隔》（*Devil's Interval*），曾因为魔性的声音而遭到天主教堂的禁止。难道圣·克莱尔在这座罗马天主教教堂还有另一种不为人知的意图？同时，斯图尔特·米切尔甚至猜测创作这种音乐的人其实是期待它能够在教堂内产生一种物理现象——用他的话说就是“会有东西被震到掉下来，比如一个保险箱”。虽然还没有人目击过，但有证据证明，某些立方体在过去被调换了顺序——所以，也许是所需的音乐还没有重新创造出来吧。

不管你是否相信教堂的雕刻指明了圣杯的线索、讲述了生命本身的故事，或者完全是其他不相关的事情，罗斯林雕刻仍然是一个永久的谜团。可以肯定的是，世人都无法确定它们的创造者到底藏有什么意图。

23 复活节岛

未解之谜 一连串刻字木片是解开某种古代语言的关键吗？
发生时间 约18世纪。

太平洋上的复活节岛是一片神秘之地，因900多个完成于1100年至1700年间的巨人石雕而出名。但同样充满神秘色彩的是一系列刻字的木片，据说是失传的朗格朗格文。现代语言学家正不遗余力地对它们进行破解，那么文字背后究竟隐藏了什么秘密呢？

拉帕努伊（Rapa Nui）人是复活节岛上的原住民，朗格朗格文是当地的书写文字。19世纪，欧洲游客记录了许多木质工艺品，上面刻有几何图形，以及人物、植物和动物的画像。许多语言学家认为这些符号代表了一种非常有趣的文字——因为附近的岛屿历史上没有书写文字，复活节岛上的这种文字的发展似乎不受其他语言的影响，这在人类历史上十分罕见。

这种语言到底有多古老，还存在很多争论。不少学者认为它是在1770年西班牙征服此岛之后发展起来的。无论如何，19世纪末，朗格朗格文成为一种无法破译的废弃文字。令人惋惜的是，帝国主义文化和拉帕努伊人保护遗产秘密的欲望共同促成了这种语言的终结。19世纪，由于受到西方疾病的传染和秘鲁奴隶商的袭击，当地人口大规模地减少。此外，传教士担心拉帕努伊人的语言根植于异教传统，因此对它大肆压制，摧毁了刻有朗格朗格文的物品。当神父约瑟夫·埃罗（Joseph Eyraud）在19世纪80年代开始记录这种文字时，他发现没人能翻译现存的文章。

或许这种语言认知完全失传了，或许拉帕努伊人不愿意帮助这些人，因为这些人的祖先非常残暴地对待拉帕努伊人的文化。19世纪70年代，该岛的原住民人口骤减到100多人——懂朗格朗格文的人不是去世了，就是被驱逐出岛了。如今，只有25块刻有文字的木板留存下来，并且都不在复活节岛上。朗格朗格文告诉我们的不仅是复活节岛上原住民的信息，而且还有语言本身的形成。不幸的是，祖辈们当时对文化的麻木让我们现在对此毫无头绪。

复活节岛 主图：这些令人叹为观止的古代半身石像一直吸引着游客到访复活节岛。嵌图：刻有朗格朗格文的木片。它们的奥秘有朝一日能够解开吗？

24 赛戈峡谷的岩石雕刻

未解之谜 美国古老的岩石雕刻是与外星人接触的证据吗?

发生时间 约公元前 6000~ 前 200 年。

美国犹他州赛戈（Sego）峡谷壮观的砂岩峭壁记录了美洲原住民约 8000 年的文化精神生活。雕刻和绘画艺术品分为三大种类，其中最古老的一类，称为堡礁峡谷岩石艺术，上面奇怪的图像令众多游客瞠目结舌——那是中美洲人在与外星人交流吗?

在赛戈峡谷发现的年代最新的画像可以追溯到 1300 年至 1880 年，以犹他印第安人岩画（石刻符号）而出名，它们展示的是人和动物的形象。比这更古老一些的是弗里蒙特印第安人岩画，创立于 600 年到 1250 年之间，特点是头大身小的人形像。

与之形成鲜明对比的是堡礁峡谷岩石像，包括石刻和石壁画（画在岩石表面上的图案）。它们是由古代的流浪狩猎采集者创作的——上千年来，这些居住在山洞里的人都占据着这片区域。有些人物形象的尺寸超过了正常人（高达 2.7 米，约 9 英尺），特征显著，比如三角形的头，空洞的眼睛，不完整的四肢。其他形象还有，如幽灵般的轮廓，或长着奇怪的如甲虫般的眼睛，头上伸出触须一样的东西。

总体来说，堡礁峡谷画像就像现代人画的外星人——某种程度上，有人坚信这就是它们想要表达的，意思是，在昏暗遥远的过去，古代人招待过外星人访客。艺术品记录了这种联系，有可能土著居民就是用外星人访客带来的技术创造了这些艺术品。

但是，主流学界对艺术品表现的内容更为乐观，认为最大的人物像之一是堡礁峡谷圣人，周围是一些小人物画像，还有的是一窝蛇。反对者称，这些不是外星人画像，而是萨满式的虚假雕像，也许是在神志不清的状况下创作而成的。这些画像既引人注目，又让人沮丧，它真算得上是一次我们现代人所谓的“糟糕之旅”。然而，一小部分狂热者仍然坚信岩石艺术证明了地球并不是宇宙中唯一承载生命的星球。

古老的艺术 这些弗里蒙特文化石刻出自犹他州格林河东部的岩洞里，创作时间约在600年。

神秘的画像 图中的堡礁峡谷石刻出自犹他州赛戈峡谷，约在公元前2500年创作而成。画像奇特，让人联想到现代人描摹的外星人。

25 法蒂玛第三个秘密

未解之谜 罗马教廷是否压制了圣母玛利亚传给三个女孩的预言？

发生时间 1917 年。

1917 年 5 月到 10 月间，三个年轻的葡萄牙女孩——路西娅·桑托斯（Lúcia Santos）、雅钦达·马尔托（Jacinta Marto）和弗朗西斯科·马尔托（Francisco Marto）宣称圣母玛利亚显灵，为她们揭露了三个秘密。20 世纪 40 年代，前两个秘密被公之于众，但是第三个要到 1960 年才能公布。最终，到 2000 年，这个秘密才被公布，很多人都称这并不属实，或者说相当片面。

女孩们看到的显灵（总共六次）都在离法蒂玛（Fátima）镇不远的山丘上。第一个秘密展示了地狱的幻象，人们普遍认为与两次世界大战有关。第二个秘密预示了俄国回归基督教。但是第三个秘密如果在当时公布的话，将引起很大的骚乱。

路西娅将第三个秘密写了下来，据说她相信到 1960 年，大家会做好理解预言的准备。但是到了那一年，罗马教廷举行了记者发布会，宣称："要绝对封印这个秘密，永远不要让外人知道。"毫无疑问，这个宣言引发了猜测：究竟是什么见不得人的秘密？在冷战时期，人们很快就联想到这可能是有关世界末日的预言，一些评论家还怀疑教会本身是否看到了某种令人震惊的大秘密。

经过 40 多年的谣传和暗示之后，教皇约翰·保罗二世同意在 2000 年将第三个秘密公之于众。结果预言让很多人感到索然无味：在一个关于献身和受难的寓言中，一位身穿白袍的男人倒地而死。有人猜测，它是否预言了约翰·保罗二世在 1981 年的第一个纪念会上遭暗杀的事？如果真是这样，那它能否解释罗马教廷之前永不揭露秘密的声明？很多人持怀疑态度。如果这真的是第三个秘密，评论者不禁猜测，这就是秘密的全部吗？其他观察者注意到这个秘密是一份四页的文本，而路西娅应该只用一张纸来记录的。并且，这不应该是圣母玛利亚的亲笔字吗？在罗马教廷的版本里并没有这些特征。

罗马教廷断定第三个秘密于 2000 年全部公布，有些人会乐见其成，但是由于教廷之前不愿公开这个秘密，导致其他人怀疑事实并不是表面看到的样子。

圣童 主图：圣母显灵时的雅钦达（左）与路西娅·桑托斯。嵌图：里斯本的圣多明戈教堂里位于法蒂玛圣母两侧的雅钦达和弗朗西斯科·马尔托的塑像。

26 安吉库尼湖畔失落的村庄

未解之谜 加拿大北部一个因纽特人村庄，所有人是如何在一夜之间全部消失了？
发生时间 1930年首次报道。

1999 年之前，努纳武特（Nunavut）属于加拿大西北领土的一部分，广阔无垠，覆盖了加拿大北部边陲地区。这里地广人稀，土地荒芜，天气寒冷，不宜居住。如果你在这片森林里迷路了，不要指望能在短时间内碰到好心人帮你。1930 年，当地一个村子里的人都消失不见了，真的无迹可寻了吗？

鉴于他们面临的恶劣环境，巡回捕兽者必须知道能落脚、凑合过上一夜的地方。其中一个这样的地方就是安吉库尼（Anjikuni），一个位于喀赞河上的因纽特人渔村。

据说，一个名叫乔 · 拉贝尔的捕兽者知道安吉库尼这个地方。但是 1930 年的一个晚上，当他到达此地的时候，却看到了不寻常的一幕：所有村民（一共 25 人）都消失不见了，仿佛凭空蒸发了；食物还挂在火堆上，要缝补的衣服才补到一半，贵重物品和生活必需品都原封未动，七条狗也被主人抛弃，任其自生自灭。据说拉贝尔还向加拿大皇家骑警报告了他的发现，但是他们也无法追踪到消失的人。

埃米特 · E. 凯莱赫很快就报道了这个故事，他是弗吉尼亚丹维尔市《蜜蜂报》（*The Bee*）的记者，但奇怪的是，加拿大报社却没有报道此事。1959 年，弗兰克 · 爱德华兹（Frank Edwards）在他的书《奇怪无比》（*Stranger than Fiction*）中又提到了此事，这次有了自己的版本。到 20 世纪 70 年代，有关村民的命运引发了许多猜测，最有意思的猜测是吸血鬼袭击和外星人绑架。

加拿大皇家骑警发表了一份声明，否认此事的存在，还怀疑这个村子是否真的存在过，并且不承认他们曾经调查过此事。但这似乎与 1931 年 1 月的报道冲突，这份报道显然是当时的皇家骑警长官发表的，后来经一位中士纳尔逊的调查，指出这不过是一个舆论噱头。其他人则认为一定是当局发现了一些不可告人的恐怖真相，所以才刻意掩人耳目。

如今，很难断定在 1930 年到底是谁在骗谁，难道安吉库尼的故事只是一个写手捏造出来增加阅读量的，又或者其中还有更加邪恶的东西？

于事无补的安慰 据说，安吉库尼是因纽特人的安居之所，直到这场神秘的灾难降临到村民的头上。但整件事情到底是记者一时兴起的编造，还是精心设计的骗局呢？

文明的哨所 如果安吉库尼真的存在，那么它一定位于当时加拿大偏远而又不宜居住的西北边陲地带。如今安吉库尼湖靠近努纳武特地区西部边界，努纳武特是加拿大省份中最大、最新、人口最稀少的地区。

27 大法官克雷特的失踪

未解之谜 “纽约失踪王”身上到底发生了什么？

发生时间 1930年8月6日。

纽约高级法院矮小精干的法官约瑟夫·克雷特（Joseph Grater）似乎拥有了一切，但是他还嫌不够。他年轻有为，但据传他与市政厅的黑暗政治有牵连；虽然已婚，他还觊觎其他女子。难道他的越轨行为得罪了他人，才让他消失于纽约的街道上？

1916年，克雷特从纽约哥伦比亚大学毕业之后，努力工作，奠定了职业根基，还结交了一群有势力的朋友。1930年4月，他被当时的纽约州州长，即后来的富兰克林·罗斯福总统任命为纽约高级法院的大法官——由于他并不是排在前面的候选人，因此这个任命结果很令人惊讶。有些愤世嫉俗的人甚至指出克雷特是靠贿赂政客（这些人在传奇的坦慕尼协会外运作）来保住这份工作的。

7月底，他与妻子斯特拉在缅因州度假。一天晚上，他接到一个电话，通话结束后，他全身颤抖。他不愿告诉妻子对方是谁，也不告诉她原因，只说他要回纽约“和那些人把事情弄清楚”。第二天，他就回到了第五大道的公寓，然后又和情人——一名叫莎莉·卢·瑞兹（Sally Lou Ritzi）的歌舞演员——前往亚特兰大城。8月3日，他回到纽约，8月6日几乎一整天都待在办公室整理个人文档，据说还销毁了一些文件。他还兑现了两张现金支票，共计5000美元（折算为现在的75000美元）以上，并用两个上锁的箱子把这些现金带回家里。

那天晚上，克雷特与情人瑞兹和律师朋友威廉·克莱因（William Klein）到比利哈斯的小饭馆吃饭。他们于晚上9:30离开，克雷特显然要赶着去剧院。这是这位法官最后一次露面，10天过后，人们才知道他失踪了。他的朋友和同事都以为他在度假，而斯特拉则以为他是公务缠身。

9月3日，警察才展开调查。事件揭露后，引起了轰动。全国上下，不少人说见到过克雷特，即众所周知的“纽约失踪王”，但这些都被证明不是真实的，反而耗费了宝贵的警察资源。侦探确实发现克雷特两个神秘的箱子消失不见了，他的保险箱也被清空了，但是他们没

粗制的钻石 “钻石脚”杰克是一个臭名昭著的黑社会人物，他与法官克雷特有联系。这是1930年警方提供的正面照，但他从来没有在与克雷特死亡相关的审判中露过面。

有关键性的突破。1930年10月，一位大法官判决：“由于证据不足，无法说明克雷特是生还是死，抑或是他故意消失，或者患了健忘症，或者被人谋杀。”1939年，法律上正式确认克雷特已经死亡，1979年，警察最终结案。

关于克雷特法官的遭遇，存在多种说法。有人认为他“夜逃”，也许是和他某位情人过起了新生活（带走了一大捆偷来的现金）。也许他和坦慕尼协会的朋友勾结，干了一些见不得人的勾当。虽然没有证据能证明他参与政府腐败，但是却有大量事件说明他绝不是清白的。难道他惧怕法网，自杀了？

克雷特的遗孀坚信他是被谋杀的，说是一个与黑社会有牵扯的女郎一直在敲诈他。有一阵，大家都怀疑克雷特的同伙——臭名昭著的黑帮分子“钻石脚”杰克是凶手。他们的关系闹崩了吗？有传言说“钻石脚”杰克将克雷特打发去了北部的啤酒厂，但是这种说法从未被证实。

2005年，91岁的老妇人斯特拉·费鲁奇-古德在皇后区去世，留下了一封生前从未打开的信件。信中写道，她与世长辞的丈夫罗伯特·古德，还有一个名为查尔斯·伯恩的纽约警察及他的兄弟弗兰克联手杀害了克雷特，并把尸体丢在了康尼岛。杀人动机并不明确，但有人指出警官伯恩至少与匪帮有联系。虽然警方认真对待这份二手供词，但却无法证明它的真实性。

毫无疑问，克雷特处在一个阴暗的世界，他与匪徒、夜总会女郎还有坦慕尼协会的成员有染。无论他是被人陷害了，还是自己决定消失的，这对于他的许多同伙来说都是乐见其成的结局。

28 吉米·霍发

未解之谜 美国最著名的工会领袖经历了什么？
发生时间 1975年7月。

1975年7月30日，美国备受争议的最强工会领袖吉米·霍发在底特律繁华郊区玛储斯红狐狸餐馆（Machus Red Fox Restaurant）的停车场失踪了。据说，他那天与两名身份显赫的帮派分子见面，从此便消失不见。他神秘的一生，以及有关结局的猜测从此困扰着世人。

吉米·霍发1913年2月14日生于巴西印第安纳镇，14岁辍学，在当地杂货店工作，几乎挣不足生活费，并且工作环境恶劣。他不愿就此认命，于是组织自己的同事争取权利。霍发的许多同事都比他年长，他们很快就受到这场轰轰烈烈的运动的感染。那时，他才25岁，是国际卡车司机协会的主要成员之一，该协会代表的是卡车司机和仓库工作者的利益。1958年，担任该协会副主席6年的他转为主席，一当就是13年，之后成员快速增多，最后他负责管理的成员达到150多万名。

在很多人心中，他是一名英雄，他努力奋斗以改善协会成员的工作条件，并且积极拥护民权运动。但是，他的职业生涯也有阴暗的一面。起初，美国大多数卡车业务都受有组织的犯罪团体控制。为了确保自己的地位和维护卡车司机协会成员的利益，霍发与一些不良人员狼狈为奸。

毫不奇怪，一些强大的敌人誓要扳倒他。1960年，约翰·肯尼迪入主白宫，任命其兄弟鲍比·肯尼迪为司法部长，打击有组织犯罪行为。不出所料，霍发躲过了几次法律的制裁，终于在1964年因伺机贿赂大陪审官而受到犯罪指控，他因此获刑8年。

几个月之后，又有另一个罪证指向他，这次是因为滥用工会的基金（用来给黑道人物提供贷款的）。这在他8年的刑期基础上又增加了5年。不过，在1971年末，他与理查德·尼克松总统达成了协定，如果他不再参与工会活动，将于1980年获释。

并不只是白宫想制止霍发在工会的活动，工会运动内部许多成员也认为霍发的日子到头了。可是，他仍然是举足轻重的公众人物，直到1975年7月的一次午餐，他最后一次出现

HEADQUARTERS

霍发最后一次露面 7 月 30 日，神秘午餐会面定在了底特律高端商业区布隆菲尔德山附近的玛储斯红狐狸餐馆。

在玛储斯红狐狸餐馆。据说，他告诉同伙自己是去会见两名被告发的暴徒——安东尼 · 贾卡洛内（Antony Giacalone）和安东尼 · 普文札诺（Antony Provenzano）。可是，他们两人都说没有安排和参加此次会面。霍发的私家车（1974 庞蒂亚克越野车）停在餐馆的停车场，没有上锁，但是霍发不知所终。

谣言不胫而走。这是在解决旧账吗？难道犯罪团伙认为霍发的政治回归会威胁工会组织的收入？有些人还指出霍发是假装消失，以便能够高枕无忧地享受不法收入。但是大多数人认为霍发是被黑社会指派的人谋杀了，因此他失踪 7 年后，警方正式宣布他已经死亡。

多年来，人们根据一些小道消息，尝试要找回他的尸体。迄今为止，毫无结果。据说，他烧焦的躯体被密封在油桶里，放在汽车的后备厢里，压缩之后被送到远东当了废料。另一种说法是，于 2013 年进行的一个调查来源称，霍发的尸体已经被削木机切得四分五裂，无法复原。

吉米 · 霍发是一个容易与人发生摩擦和引起分裂的危险人物，与许多不法分子狼狈为奸，他还是一个怀揣惊天动地的秘密的人。也许如此可悲的结局是他罪有应得。但是自他失踪之日起，害他的人及其被害原因就一直是个无法解开的谜团。

29 斐德列克·瓦伦提斯事件

未解之谜 在澳大利亚巴斯海峡上空，一位年轻的飞行员驾驶的飞机是被不明飞行物撞击坠毁的吗?

发生时间 1978年10月21日。

斐德列克·瓦伦提斯（Frederick Valentich）年仅20岁，是一位技艺超群的飞行员。1978年，在一次飞行训练中，他向墨尔本空中交通管制中心报告，一个不明飞行物在他上空飞速行驶。突然，所有的联系中断了，瓦伦提斯就此音信全无。他是空难的受害者，还是他自己让自己命赴黄泉，又或者有第三方牵扯其中?

1978年10月21日，瓦伦提斯驾驶塞斯纳飞机升空，那时，他已经有150个飞行小时了。晚上刚过7点，他就报告了距他上空300米处有一个不明飞行物，但是控制塔在那片区域没有发现飞行器的痕迹。据瓦伦提斯描述，那是一个发绿光的金属飞行器，他怀疑金属飞行器的飞行员在戏弄他。而且，塞斯纳飞机还出现了引擎故障。当问到是什么飞行器时，瓦伦提斯答道:“那不是飞行器。那是……”然后他的声音就中断了。几分钟过后，联系完全中断。空中交通管制中心报告听见了金属碰撞声，然后瓦伦提斯就消失了。

但是瓦伦提斯所说的不明飞行物的存在让其他人对这起事件有所警惕。一些观察者怀疑他本人是否导演了这场戏——这种说法可能性极小，因为1983年在巴斯海峡找到了疑似该机型的飞机残骸。还有人猜测瓦伦提斯意图自杀，决定用一种与众不同的方式，这都被他的朋友和家人证实是不可能的。

另一种说法认为他不经意翻转了机身，迷失了方向，或者让飞机进入了所谓的“死亡螺旋”，因此不明飞行物只是塞斯纳在水中的倒影或者他错误地判断了天体发出的自然光。

搜救者们在2500平方千米的区域搜索了四天，但却一无所获。交通调查部门无法判定失踪的原因，但可以确定的是“他生还机会渺茫”。不明飞行物论者抓住此次事件说:“这不就是充满敌意的UFO攻击的证据吗?”还有人推测是外星人绑架。

在调查者被告知飞机失踪的许多年后，交通部的原始报告才浮出水面。这是有意要隐瞒吗?有趣的是，报告还包括建议国防部开展对UFO的调查内容。难道最终还是得相信瓦伦提斯的话吗?

澳大利亚

墨尔本

爬升，飞远 1978 年，斐德列克 · 瓦伦提斯驾驶的是塞斯纳飞机，失踪的地方是在靠近澳大利亚墨尔本的上空。

吉朗

穆拉宾机场

瓦伦提斯原本的飞行路线

奥特韦角

在这里失去了联系

巴斯海峡

国王岛

天空中的飞饼？ 这张图片是由罗伊 · 马尼福尔德拍摄，拍到的是空中一个奇怪的云状物体，据报道，1978 年 10 月 21 日日落时分，它在奥特韦角（Cape Otway）灯塔附近的水面上高速通过。20 分钟之后，瓦伦提斯就在此地消失。

柯里

塔斯马尼亚

30 吉恩·斯潘格勒

未解之谜 新星吉恩·斯潘格勒到底出了什么事？
发生时间 1949年10月7日。

吉恩·伊丽莎白·斯潘格勒（Jean Elizabeth Spangler），25岁，一双蓝眼睛，风情万种，是经典电影中的宠儿。她在电影中偶尔出镜，有机会与其他明星近距离接触，但她自身的明星光芒却扑朔迷离。她离异，是个单亲妈妈。1949年秋天的一个晚上，她离开了家，可能是去与前夫会面。之后，她就失踪了，只在她的钱包里找到一条加密信息。

吉恩·伊丽莎白·斯潘格勒，1923年9月2日生于华盛顿州西雅图，作为兼职模特和夜场舞女在国际崭露头角。1942年，她与德克斯特·本纳（Dexter Benner）开始了一段波澜起伏的不幸婚姻，结婚仅半年，她就因对方的残酷无情提出离婚。即便这样，他们又维持了四年的婚姻生活，在此期间，她生下了女儿克里斯汀。

1946年，两人最终离婚，打响了激烈的监护权争夺战，最终吉恩赢得监护权，带着女儿与自己的母亲，以及弟弟和弟媳住在靠近洛杉矶威尔希尔大道的拉布雷亚公园附近的一间公寓里。没过几年，吉恩就在参演的第一部电影《钟声的奇迹》（*Miracle of the Bells*）里扮演了一个不起眼的角色，之后陆续参演了六部电影。

1949年10月7日，傍晚约5点的时候，吉恩离开了家。出门之前，她告诉弟媳索菲她要去见本纳讨论拖延的子女抚养费。她还说，见完本纳，晚上还要继续拍电影。在她出门一个小时后，当地的小店员看到她在等人，这也是最后一次有人看到她。第二天，她还没回家，索菲就向当地警局报了失踪案。

不用说，德克斯特·本纳立即成为首要嫌疑人，但是他告诉警察，自己已经好几个星期都没见过前妻了——他的新配偶能提供他的不在场证明。经过调查，当晚并没有吉恩要拍的电影。然而，她的家人却坚信她不可能离家出走，因为她非常爱自己的孩子。

10月9日，出现了一条线索，在洛杉矶格里菲斯公园的一个门口附近发现了吉恩的钱包。包带已被扯坏，说明是从主人手里抢过来的，但大家都知道吉恩囊中羞涩，所以不可能是被人抢劫的。钱包里有一个便条，上面写着:

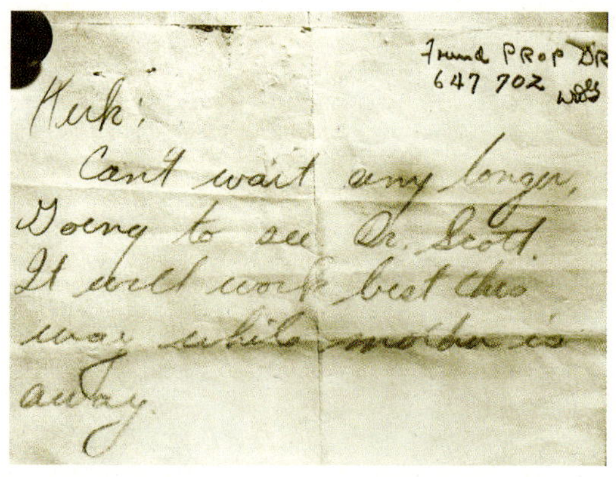
Kirk:
Can't wait any longer,
Going to see Dr. Scott.
It will work best this
way while mother is
away.

解疑的关键 在吉恩·斯潘格勒钱包里发现了碎纸片，上面写着“柯克（Kirk）”和“斯科特医生（Dr Scott）”。他们是谁？或许这两个名字可以帮助揭开真相。

“柯克，别再等了，最好趁妈妈离开的时候，去见斯科特医生。”吉恩失踪时，她妈妈确实去了肯塔基。柯克和斯科特医生是谁？是否他们其中一个还是两个都与吉恩的失踪有关？

这时，媒体开始对这个故事穷追不舍，竞相报道这起神秘事件。这也引起了一位知名人士——演员柯克·道格拉斯（Kirk Douglas）的注意，他刚因1949年参演电影《夺得锦标归》而获得奥斯卡提名。道格拉斯意识到吉恩是他最近一部电影中的备选演员（影片名为《持小号的年轻人》），他就立即与警察联系，告诉他们他与吉恩的相识只是巧合，自己并不是信中所说的柯克。当然，他把自己推向了警察的搜索范围，但是如他所愿，警方立即将他排除在外。

警方尝试追踪柯克和斯科特医生的真实身份，但以失败告终。吉恩之前与身为陆军航空兵的“斯科特”交往过（四年前，与吉恩结束恋爱关系时，他还殴打和威胁过她）。但是这样的联系太牵强。警察还在日落大道酒吧听说过一位被称为“医生”的形迹可疑的人，吉恩以前在这些地方出入过。有人说他收费进行非法堕胎，还有谣言说吉恩在消失时刚怀孕不久。

还有人传言她与一名臭名昭著的匪徒（米基·科恩）的两名亲信交往过于密切。这两名亲信就在吉恩失踪几天后都消失了，有人推测他们被谋杀了，让人觉得这其中有联系，虽然这种看法未经证实。甚至有人报告说看见吉恩和其中一名匪徒走在一起，这名匪徒就是小戴维·厄居尔，他在加利福尼亚、亚利桑那和新墨西哥等地辗转。然而，这些说法都未经证实。

所以吉恩·斯潘格勒的结局还没有答案。好莱坞的成功人士、羽翼丰满的大明星、暴徒、愤怒的前妻以及后巷的堕胎者，她的故事长期以来一直引发公众的猜想。不幸的是，那些能够回答这些问题的人可能早就与世长辞了。

31 安布罗斯·比尔斯

未解之谜 著名的美国作家兼记者安布罗斯·比尔斯经历了什么？

发生时间 1914年。

安布罗斯·比尔斯（Ambrose Bierce）是军人、冒险家、作家。1913年年末，他70岁出头时，踏入了内战不断的墨西哥。他最后一封信的结尾是这样写的："我明天要前往一个未知的目的地……"从此，没有人再见过他，他的失踪引人好奇，为美国文学带来了一个持久的挥之不去的谜团。

安布罗斯·比尔斯1842年生于俄亥俄州。内战爆发后，他加入联邦军队，战斗在前线——报纸上甚至还提到他在1861年里奇山之役中拯救战友的故事。

晚年，他成了作家，专门写讽刺报道和短篇小说。他的短篇小说灰暗中弥漫着恐怖色彩——最著名的作品恐怕要属辛辣的《魔鬼辞典》和描述美国南北内战故事的《鹰溪桥上》。他的个人生活也充满了悲剧，他育有三个孩子，其中两个都先他离世。大儿子在快满20岁时自杀，二儿子死于肺炎。1905年，妻子也在两人离婚后的几个月去世。

安布罗斯·比尔斯的痛苦与日俱增，并且沉迷于酗酒。1913年10月，他进入路易斯安那和得克萨斯州，开始前往内战期间曾经去过的那些地方。之后他又跨境到达墨西哥，那正是惨烈内战的第三个年头。因此，想要了解他的行踪绝非易事。1913年节礼日那天，据说他给密友布兰奇·帕廷顿（Blanche Partington）写了一封信。正是这封信上写了"未知目的地"的字样。

不巧的是，虽然有确凿的证据说明他确实写了这封信，但是这封信却没能保留下来，所以有人怀疑此事的真实性。但不管比尔斯是否写了这封信，却再也没有人知道他的去向。他在墨西哥遭遇了什么呢？

有一种说法是比尔斯作为军事观察员加入了著名的革命将领潘乔·维拉（Pancho Villa）领导的军队。据说他跟随维拉的军队到达奇瓦瓦州（Chihuahua），在那里他把这封备受争议的信寄送给布兰奇·帕廷顿。有人说他身陷内战风起云涌的暴力之中，将自己置于危险的境地，不幸身亡（可能在1914年年初的一次围城战中死亡）。

在行动中失踪 主图：在墨西哥革命期间，士兵坐在火车头上。嵌图：安布罗斯·比尔斯是谣言的中心人物，但他真的成为墨西哥革命家潘乔·维拉的牺牲品了吗？

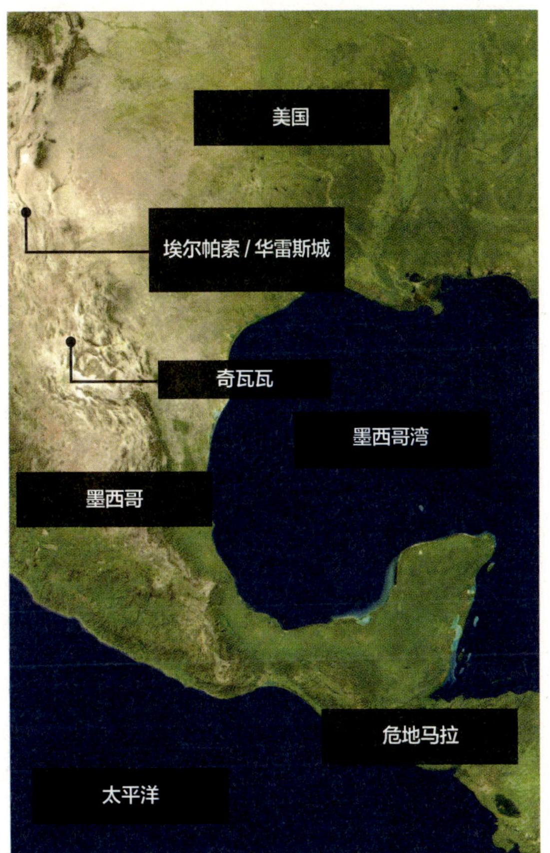

最后的旅途 有关比尔斯的信件和调查确定了他跨越美国边境埃尔帕索（ElPaso），到达墨西哥华雷斯（Ciudad Juarez）。他从此地出发，跟随潘乔 · 维拉的革命军远达奇瓦瓦州。

从至少一个情报源来看，1914 年联邦军队获悉他与维拉有联系后，将他处死。

有人说是维拉亲自处决了比尔斯，因为作为亲信，有时候比尔斯会不留情面地批评维拉。1928 年，作家阿道夫 · 丹齐格 · 德 · 卡斯特罗（Adolph Danziger de Castro）写了一部隐晦的关于比尔斯的传记，他在书中说他后来与维拉见面讨论过此事。根据德 · 卡斯特罗的说辞，要是维拉“蔑视比尔斯的想法”，比尔斯就会猛喝龙舌兰，醉后说胡话。维拉语焉不详地说：“我了解他，他太过分了。”不幸的是，大家对德 · 卡斯特罗一无所知，也无法证实他所说的真实性。

持异议者怀疑，比尔斯根本就没有越过格兰德河，指出到达墨西哥是一场精心设计的骗局。他们猜测比尔斯到了加利福尼亚的避难所，并与他爱的秘书一起生活。还有其他更荒谬的说法，说他是个调查针对巴拿马运河的国际阴谋的间谍。还有说他加入著名的英国冒险家黑吉斯的队伍，据说，他们两人走遍墨西哥，在所到之处收集玛雅财富。还有说法称比尔斯被一个当地的部落扣押，被当作上帝一样供奉。

迫于比尔斯在世女儿的压力，美国政府发起了一次官方调查，但是无果而终。有人指出比尔斯无法面对年老，又由于多年生活的不幸，决定结束自己的生命——当然，他在生前清楚地说过他认为自杀是一项高尚的行为。在此前的许多场合中，他也指出自杀不失为一个不错的人生选择。对于比尔斯，其死亡让他的作品重新受到关注，成为他的遗产，这无疑是会让他觉得骄傲的。也许他觉得自己的死亡之谜带来的回报是值得的。

32 在行动中失踪的巴斯特·克拉布

未解之谜 是什么导致了英国海军潜水员的失踪?

发生时间 1956年4月19日。

莱昂内尔·巴斯特·克拉布(Lionel Buster Crabb)是一位技艺高超的海军潜水员，他在第二次世界大战时期获得了声誉，并从此为英国情报机关服务。1956年，他被指控秘密潜水去调查停在朴茨茅斯的苏联轮船。自那以后，再也没人见过他，几十年来，他的遭遇引发无数猜测。

克拉布生于1909年，在第二次世界大战期间加入皇家海军，被训练成一名潜水员。他起初在直布罗陀工作，处置地雷和炸弹，后来又到了意大利。由于英勇的表现，他被授予大英帝国勋章和乔治十字勋章。1947年，他第一次离开海军，成为普通潜水员，但在20世纪50年代重返武装部队，于1955年退役。不久后，他又加入军情六处，这是英国情报机构的国外分支机构。

1956年4月，苏联领导人尼基塔·赫鲁晓夫(Nikita Krushchev)和总理尼古拉·布尔加宁(Nikolai Bulganin)出访英国。他们乘坐巡洋舰“奥尔忠尼启则号”(Ordzhonikidze)到达英国，停在英国朴茨茅斯南边海岸，这是英国主要的海军军港。英国的海军官员很想知道这艘巡洋舰崭新的螺旋桨设计，于是等舰船停稳后，派克拉布暗中调查。

4月17日起，他就待在朴茨茅斯莎莉港大酒店，他的同伴用假名马修·史密斯办理了入住手续。4月19日，克拉布到达港口潜水。自那以后，他再也没出现过，10天后，海军部报道他失踪，有可能已经死亡。他们宣称，出事时克拉布在进行水下装备测试，离苏联巡洋舰几英里远。这是为了避免外交冲突而捏造的说辞，因为英国想要与后斯大林时代的苏联建立良好关系。

但是到底发生了什么呢?是死于重大意外还是被蓄意谋杀?或者他被苏联绑架了?又或许他叛变了?克拉布抽烟酗酒，1956年时身体状况不佳。这次任务需要耗费大量的体力，也许水下装备出现故障，他的身体吃不消。一年后，一具戴着潜水装备的尸体被冲到了南萨克斯奇切斯特海岸。尸体没有头和手(由于长期泡在水里，这种情况很正常)，克拉布的前

冷战阴谋 上图是苏联巡洋舰“奥尔忠尼启则号”。克拉布就是因为调查它而失踪的。

妻或他生前的最后一任女友也无法断定这具尸体就是他本人。但是，这具尸体的很多地方都与克拉布相似，而且潜水套装也像克拉布曾经穿过的那一套。验尸官确定这就是克拉布，但其他人仍然将信将疑。

2007 年的官方文件显示克拉布那天并非是单独去潜水的。如果是“意外身亡”的话，那么他那位或那些不知名的同事要么没发现他遇到麻烦，要么就是无法帮助他或者他没有及时求助。有人还猜测他是死于同伴之手。还有人说克拉布打算叛变英国，投靠苏联，由于害怕给政府蒙羞，军情五处擅自做了决断。但那些了解克拉布的人不相信这样一个爱国的人会“弃明投暗”——虽然确实发生过奇怪的事情。

那么，他是被苏联人杀害了吗？多年后，一名苏联潜水员称他发现克拉布要在“奥尔忠尼启则号”上安装炸弹，于是将他割喉。但是这种说辞引来众多质疑，因为英国政府不会派人莽撞地破坏外交任务。还有人指出巡洋舰上的船员听说了这次间谍任务，将克拉布关押起来，之后带去了莫斯科，或者让他帮助苏联人执行水下秘密行动。甚至有传言称整件事就是军情六处设置的陷阱，故意让克拉布“被抓”，好让他当双重间谍。

不管英国情报机关是否真的知道克拉布的遭遇，他们肯定会掩盖事实，以防泄露任务细节。这件事确实导致了英国间谍头目们和英国政府之间的嫌隙，首相安东尼·伊登（Anthony Eden）就差点儿说出他的安全机构不听指挥之类的话了。

33 塔中王子

未解之谜 爱德华四世的儿子们经历了什么？

发生时间 1483 年。

1483 年 4 月，英国国王爱德华四世去世，他的大儿子爱德华继承王位，爱德华年仅 12 岁，二儿子约克郡公爵理查才 9 岁。已故国王的弟弟格洛斯特（Gloucester）公爵理查就此摄政。他的侄儿们被软禁在伦敦塔里，但在夏末的某一天，他们都失踪了。有关他们遭遇了什么，至今仍然备受争议。

格洛斯特公爵为了迅速强化自己继承王位的合法性，他公布王子们是私生的，已故国王与王子们的母亲伊丽莎白·伍德维尔（Elizabeth Woodville）的婚姻是非法的，因为爱德华四世已与他人有婚约。因此格洛斯特公爵于 1483 年 7 月被封为理查三世。接下来的几个月，人们还能偶尔看到爱德华四世的儿子们在伦敦塔广场上玩耍，但是夏末的某一天，他们都不见了。

不久，就有流言称他们被杀害了。理查是公认的杀人凶手，任何想要推翻他的人都被视为叛变。托马斯·莫尔（Thomas More）（亨利八世的大法官）也认为理查有罪，并在 30 年之后指出，理查派出自己的亲信詹姆斯·特雷尔爵士来处理此事。根据莫尔的说法，特雷尔雇了两名杀手，在床上用枕头将男孩子们捂死了。

因此理查有杀人时机和动机。但是很多历史学家怀疑这种说法的真实性。为什么呢？比如伊丽莎白·伍德维尔如果真的相信（她曾经就相信过）理查谋杀了她亲爱的儿子们，那她还会和理查和平相处吗？她应该是个极其识时务的人，她认为让理查登上王位能保全孩子们的未来——但是她真的就那么乐观吗？

我们缺乏确凿证据证明孩子是被谋杀的。指控理查的人并没有找到尸体，也根本没有“确凿证据”。毫无疑问，王子们的失踪会让理查的生活更从容，但是在他鼎盛时期杀害已故国王的儿子是非常冒险的事情。他也许会这样做，留着男孩们的性命，但不要让他们出现在自己眼前。因此有人说他们被流放法国，比如让他们隐瞒身份，被人收养。

另有说法指出爱德华确实已死，但死于疾病，我们知道有医生定期去伦敦塔给他看病。

理想的目标？理查三世一直以来名声都很败坏，经常被指谋杀了年幼的王子们。他有动机，但他是否也是庞大阴谋的受害者？

末日之塔 伦敦塔于 11 世纪由征服者威廉建立。在这一段漫长而又变化多端的历史中，没有什么是比王子们的遭遇更神秘的了。

他死亡了，他弟弟活了下来？伍德维尔难道知道这个新国王不是杀害孩子的凶手？这也解释了为什么她能与理查三世达成共识。这也说明了理查为什么无法交出王子来反驳他是杀手的指控——人们怀疑对理查而言，王位竞争者已经不在世是件好事。

即便我们接受王子们是被谋杀的，理查也并非是唯一有杀人动机的人。亨利七世是理查最大的竞争对手，最终也成为国王的继承人，他知道王子不仅是他叔叔继承王位的威胁，也是自己的威胁。亨利娶了爱德华四世的长女伊丽莎白来强化自己对王位的继承权之后，形势就更加复杂了。为了成功，他别无选择，只能撤销说明王子不合法的法律，尽管如果他们仍在世的话，会立刻成为他的威胁。但在那个政治斗争激烈的时代，人们很容易被处死。亨利后来也侵占了岳母伊丽莎白 · 伍德维尔的土地——难道伊丽莎白知道他的所作所为后，两人之间就出现了重大的失和吗？

亨利的母亲玛格丽特 · 柏福特（Margaret Beaufort）也在被怀疑者之列。针对她的证据纯粹是推测，但为了维护儿子的利益，她是出了名的无情残酷。同时，也有人怀疑凶手是白金汉公爵。他曾经是理查三世亲密的盟友，却于 1483 年 11 月被国王处死。王子们被拘留，白金汉公爵也有责任，是因为他的职权范围太广了，才导致了他与老朋友之间出现毁灭性的仇恨吗？（或者如他人所说，他们的反目是因为白金汉公爵得知理查杀了王子们吗？）

理查三世在王子们的遭遇中扮演的角色无疑需要严加审查。但是对他谋杀王子们的罪责不能下定论，可能基于以下两个原因：第一，他们也许根本不是被谋杀的；第二，还有其他嫌疑更大的人。冷静的历史分析揭露了一大批手段残忍的政治人物，他们都有掩盖真相的充分理由。

34 “乔伊塔号”

未解之谜 为什么船员和乘客要丢弃一艘“永不沉没”的轮船，选择在水中自生自灭？

发生时间 1955年10月及11月。

1955年11月10日，商船“乔伊塔号”被遗弃在南太平洋。它已经失踪了好几周，虽然损坏严重，船体部分下沉，但还是稳稳地停在水上。然而，大约有四吨货物丢失，船上的乘客和船员也失踪了，没有一丝痕迹——在救援队赶来之前，是什么原因促使他们丢弃了这艘船？

1931年，一个电影导演组织人建造了一艘长21.3米（约70英尺）的豪华快艇，并以妻子的名字给它命名“乔伊塔号”（西班牙语意思就是“小珠宝”）。第二次世界大战期间，位于珍珠港的美国海军用它在夏威夷地区巡逻。

第二次世界大战结束后，“乔伊塔号”回归民用，并在20世纪50年代用作渔船出租，用来装载轻的货物。1955年10月3日早晨，在“灰头土脸”的米勒船长的指挥下，它开始了这次毁灭性的任务。从萨摩亚首都阿皮亚出发，驶向托克劳（Tokelau）群岛，两地相距不到480千米（约300英里）。船上有16名船员和9名乘客，其中还有两个孩子。

船上装了药品、食物、木材和空油桶。本来几日内就能到达目的地，并在那儿装椰肉干返程。

三天后，“乔伊塔号”被报告晚点，但是没有发出求救信号。六天后，搜救队在海上搜索了26万平方千米（约10万平方英里），但没有任何发现。搜救队被叫停后的一个月，一艘商船发现无人驾驶的“乔伊塔号”在偏离正常路线的1000千米（约600英里）外。它重重地倚靠在港口的一边，由于浸泡在水里，损坏严重，但是船体还保存完整。它与一大排软木并排着，底下还有空油桶支撑，根本就没有下沉的征兆。

然而，除了乘客和船员，船上四个救生艇和救生筏也都失踪了，还有船上的原木，许多航海装备和船长米勒携带的手枪也不见了。船上的钟表指针指着10:25，灯也是开着的，这说明消失的一切都是在夜里发生的。之后的调查也无法解释为什么船上的人选择坐救生筏而不是更加安全的“乔伊塔号”。一份官方报道

不祥预感 “乔伊塔号”呈现出一片萧索的景象，一部分沉在水里，靠在港口的一边。这艘船被丢弃在南太平洋，1955年被拖到岸边。

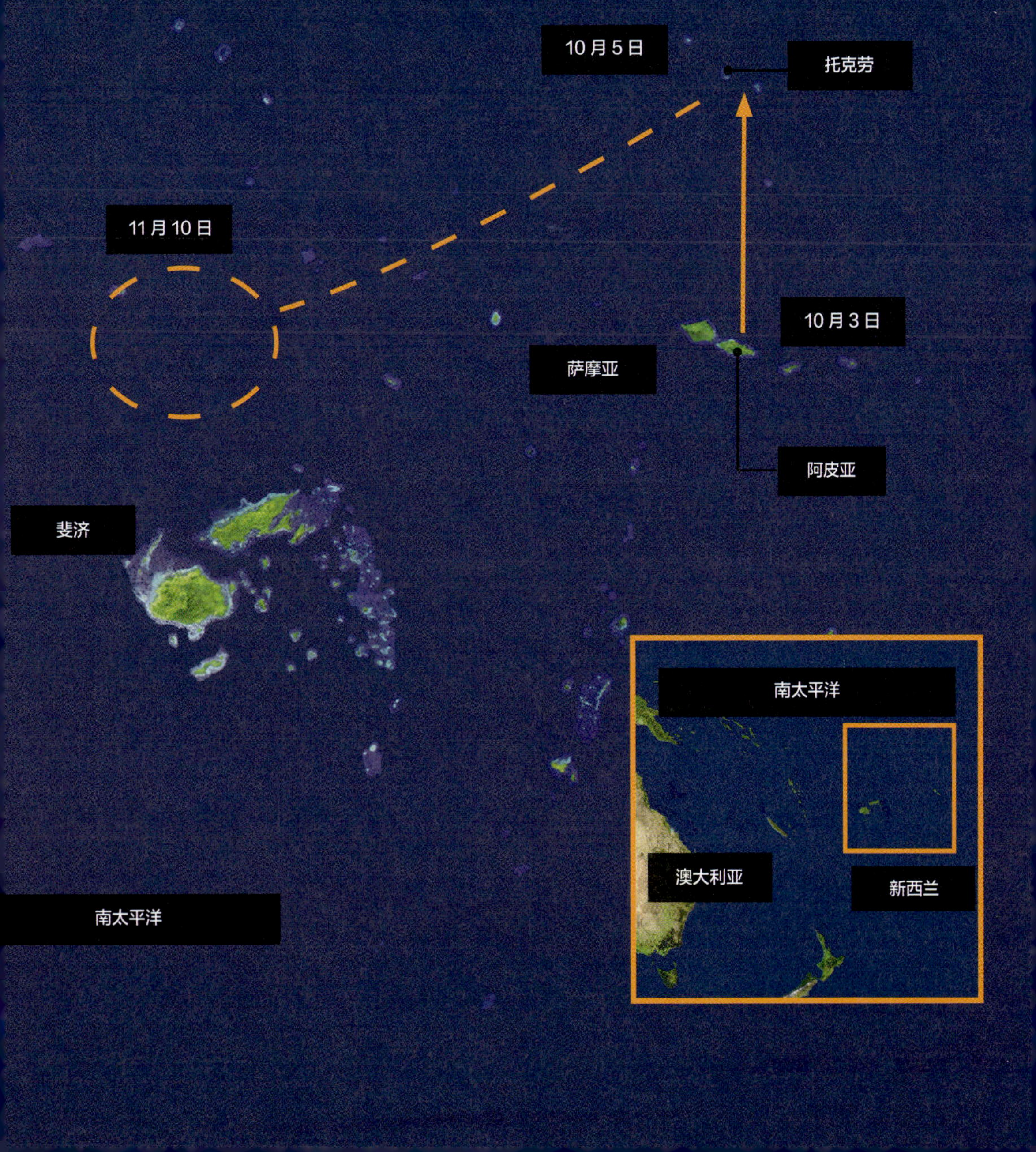

10月5日

托克劳

11月10日

10月3日

萨摩亚

阿皮亚

斐济

南太平洋

澳大利亚

新西兰

南太平洋

轮船轮廓 此图为“乔伊塔号”驾驶室，当时还在第二次世界大战期间进行航海服务。之后“灰头土脸”的米勒买下了它。

称这次出走“无法用调查搜集的证据解释”。

事实的真相无可避免地引发了疯狂的猜测。船遭遇了大水——由管道断裂和抽水机失效造成，但是米勒经验丰富，知道不需要弃船离开。要是他并没有把这个消息传达给船上的其他人员呢？在船上找到了一些沾有血渍的绷带，有人据此猜测船长遇害。船上起了内讧吗？米勒的供给面临压力，所以他可能坚持继续航行，而船员认为最好返航或者至少停下来整修一下。众所周知，米勒与第一副手查克·辛普森关系不好——他们两个人发生打斗掉入水中了吗？或者给对方造成了严重的伤害？如果船在晚上开始启航，就没有人能稳住形势、等待救援的到来吗？

也有人猜测有黑势力参与其中，还有些解释可以归因于对第二次世界大战国家的偏见。有人指责某位不知名的日本渔夫，称“乔伊塔号”发现他正在干恶毒的勾当。一直行事保守的《每日电报》甚至也指出日军叛徒负有责任，并扬言战争还未结束。在冷战的高峰时期，其他人指出苏联潜水艇绑架了船上的人。但更有可能的假设是海盗在作祟：这也更能说明货物的丢失和船上所有人的失踪。

之后，船得到救援，但在 10 年之内就搁浅了两次。也许由此推断，“乔伊塔号”的主人将它搁浅，以此结束了这艘悲剧之船的故事。似乎有人确实在 1955 年做了一些不该做的事情，让 20 多人付出了生命的代价。到底谁是罪魁祸首呢？他这样做的目的何在？这些问题自始至终都没有答案。

35 失踪的纳粹黄金

未解之谜 在第二次世界大战最后的几个月里，希特勒掠夺来的黄金去哪儿了？

发生时间 20 世纪 40 年代。

第二次世界大战残酷无情，同样也耗资巨大。为了扩充战争武器，纳粹德国聚敛了大量的黄金。但 1945 年，轴心国失败在即，他们将黄金藏起来。有些高官权贵则带着一部分黄金远走他乡，开始新生活，但是绝大部分黄金都被官方下令藏了起来。自 1945 年以后，不计其数的寻宝者都在寻找这笔巨大的财富。

20 世纪 30 年代晚期，重整军备使德国有限的黄金储备急剧减少，但是 1939 年爆发的第二次世界大战让纳粹党有机会通过穷凶极恶的方式敛聚财富。被征服国家的财富被纳粹党掠夺得一干二净，更糟糕的是，死亡集中营是无价财富的来源之一，不幸的受害者被夺去了一切，包括结婚戒指、手表，甚至金牙。

虽然不可能精确地估算纳粹党掠夺的黄金总值，但一定达到数百吨之多。一部分黄金直接用于军需品及其他供给品的开支，但更多的黄金被非法转移到欧洲的银行系统以换取外汇储备，瑞士就是进行此类勾当的中心。据估算，转移到瑞士银行的纯金约有 100 吨，战争结束后，只还回来 4 吨。

多年来，法庭做过多次努力，迫使这些银行机构交回被盗的财物，但是这些法律手段成效甚微。20 世纪 90 年代，美国财政部探员爱默生 · 比奇洛（Emerson Bigelow）公开了一份 1946 年的报告，把表面光鲜实则暗地进行非法勾当的银行推到了风口浪尖上。比奇洛断定转移到梵蒂冈银行“保管”的纳粹黄金数额最大——银行自身继续否认这种说辞。

搜查银行账目以追踪纳粹掠夺的黄金，显然希望渺茫。对于普通的赏金猎人来说，最大的期望就是纳粹党不是用银行账户存的大笔黄金，而是将黄金藏在一个隐秘的地方。我们知道，大量黄金都藏在废弃的矿井里，比如 1945 年美国军队向德国行进时，就在默克斯村（Merkers）盐矿井里找到了储藏的黄金。许多谣言称靠近莱比锡的雷纳瓦尔德（Leinawald）森林藏有黄金，但是 20 世纪 60 年代早期，由于附近矿井内释放出有毒气体，政府没能在此地找到掠夺的黄金。

还有许多人认为，德国高层官员命令

最高级别视察 德怀特·艾森豪威尔将军，盟军最高统帅，后来成为美国总统。他在看装有纳粹黄金的手提箱，还有其他财物，这些都是在德国图林根（Thuringia）的默克斯村盐矿井里发现的。

倾倒现金 1959 年，在奥地利托普利茨湖挖掘传言中的黄金，结果发现了几箱文件和伪造的英国货币——这个本是发动经济战争阴谋的一部分，即“伯恩哈德行动”(Operation Bernhard)，结果在慌忙之下全部被倾倒于湖中。

将抢夺来的财富藏在德国和奥地利的几个湖中。虽然详细信息随着下达命令官员的去世而消失，但有人怀疑赫尔曼 · 戈林（Hermann Goering）将黄金藏在了柏林北部的斯托尔普（Stolpsee）湖。遗憾的是，据说这项任务是由集中营的犯人来实施的，他们储藏的物品包括 18 箱黄金和铂金。为了保密，纳粹党犯下滔天罪行，在湖边将他们排成一排，挨个枪杀。

还有确凿的证据证明奥地利萨尔兹干马格特地区的托普利茨（Toplitz）湖被倾倒了价值几十亿（按如今的市值计算）的黄金。当时的目击者称，在第二次世界大战结束的最后几个月看到党卫军士兵将金属箱丢进结冰的水中。无数探险队尝试找出这笔财富，但是托普利茨湖大约有 90 米（约 300 英尺）深，还满是被浸泡的原木，给潜水造成了危险。的确，有好几个人在寻宝过程中不幸身亡。1959 年，《斯特恩》杂志派遣的搜索队也没有找到黄金，但是找到了几箱秘密文件、假币，还有一台印刷机。如今，虽然已经严格禁止寻宝的人进入这片湖区，但每年还是有人因此而被逮捕。

虽然对隐藏的纳粹财富有零星的发现——随着时间的推移，应该会有更多的发现——但纳粹当局隐藏非法收入的效率令人惊讶。希望找出财富的大有人在，但毫无疑问，也有人希望这份财富永远不要出现，和那些惨绝人寰的故事一起消失在历史中吧。

36 格伦·米勒

未解之谜 著名的乐队领队格伦·米勒（Glenn Miller）在英吉利海峡失踪，他到底经历了什么？

发生时间 1944年12月15日。

40 岁的格伦·米勒是当时最流行的“大乐队”的领队，让他一举成名的歌曲有 *In the Mood*；在第二次世界大战的大部分时间里，他都为军队表演以振奋士气。1944 年，他在飞往法国为联军表演的途中失踪，而关于他的遭遇，引来阴谋论的猜测。

12 月 15 日，那是一个极其寒冷的雾天，米勒乘坐“诺斯曼”（Norseman）C-64 客机从英国飞往法国。根据官方的说法，在英吉利海峡上空，由于发动机出了故障或者是机翼结冰，飞机失事，坠入海中，机上人员无一幸免。

可是无论是飞机残骸还是遇难者尸体都不见踪影。米勒的亲兄弟赫伯（Herb）指出，在 20 世纪 80 年代，米勒罹患肺癌，飞机降落法国几日后，他在一家军事医院去世。他认为飞机失事的说法是编造的，目的是完成米勒的心愿，因为他想“像英雄一样死去，而不是死在肮脏的病床上”。虽然这种说法的来源可靠，但仍缺少确凿的证据。还有一种假设称他是间谍（有些消息指出他与英国著名演员大卫·尼文勾结）。但是米勒因间谍身份而被杀害的说法令大多数评论者高度怀疑。

还有一些未经证实的说法指出，米勒安全抵达了法国，在与一位巴黎的妓女有染时因为身体不适而死去。为了避免打击士兵的士气，据说，盟军精心策划了这场掩饰行动。

一个更可信的说法是飞机被友军的火力击落了。有证据证明一个中队的英国兰开斯特轰炸机轰炸德国的任务终止后，在飞越英吉利海峡上空时，为了减少飞机负重将炸弹抛下击中了米勒的飞机。还有人说亲眼看到一架飞机落入水中。但是有几位分析者称飞机不可能恰好就在失事的相关地方。

当然，也有很多人相信米勒只是一场悲剧的受害者，正如官方调查揭示的那样。但由于没找到飞机的残骸和米勒的尸体，摇摆之王的命运仍然是个谜。

超级巨星 格伦·米勒有着邻家男孩的长相，也是“大乐队”摇摆演奏风格的领队，这使得他成为 20 世纪 40 年代美国音乐界的巨星。他的离世震惊了全国。

有去无回的航程 米勒乘坐的“诺斯曼”C-64 飞机如上图所示，它在英吉利海峡上空失踪。他真的是友军火力误伤的受害者吗？

37 路易斯·普林斯

未解之谜 这位最伟大的电影摄影创新者是为自己的艺术而死吗？

发生时间 1890年9月16日。

路易斯·普林斯（Louis Prince）是电影摄影技术的早期创新者之一，但他的名字已被人遗忘。在某些人的眼中，他就是“电影摄影之父”。1890年，他在自己的家乡法国失踪了，那时他正打算去美国展示自己的伟大发明。他的遭遇成了一个谜，但很多人怀疑他是被人谋杀的。

1886年，普林斯在英国利兹工作，搬去纽约之前，他在此地完婚，同时思考怎样制作电影。1888年，他发明了单镜头摄影机，用来拍摄利兹周围的素材，摄影机由此诞生。1890年，他立刻安排纽约的电影拍摄——比托马斯·爱迪生（Thomas Edison）开的第一家电影摄影棚早了四年。

1890年9月，普林斯在法国，打算从第戎搭火车到巴黎。他的兄弟报告说看见普林斯从第戎车站出发，但在目的地却不见其踪影，行李也不见了。是否真像有些人猜测的那样，他因为巨额负债而自杀？但考虑到他在电影方面的重大突破带来的财富，这种说法不太可能。另一种说法是，他得知家人知道他是同性恋后，在芝加哥开始了新生活，这种猜测缺乏相应的证据。或者他的兄弟，最后见过他一面的人，由于个人或者经济等不明原因而动了杀机？也许最可信的假设是有人为了阻止普林斯申请电影设备的专利，因此将他谋杀。

大家都知道他要去美国申请专利，而且很快就订了去纽约的机票。之后，他的家人也与爱迪生卷入了一场有关电影摄影发明的法律纠纷中。普林斯失踪七年后，美国司法系统才在法律上认定他死亡，这让他的家属无法提起民事诉讼。不过，到1901年，法院发现爱迪生并不是唯一的发明者后，下一年就推翻了判决。普林斯的儿子阿道弗斯是纠纷中的关键目击人，也因枪伤而死。他的母亲坚信这是家族遭受的第二起谋杀，都是因为电影的利益纠纷。

照片上的普林斯 路易斯·普林斯是被众人遗忘的电影制作先驱。难道一场卑鄙的罪行就要将他应得的名誉抹杀掉吗?

电影制作人 自1888年起,普林斯就用这个单镜头摄影机来记录在利兹的生活点滴。可以说,这是第一部真正的电影摄影机,本可以让普林斯名利双收。

38 凭空消失的女士——阿加莎·克里斯蒂

未解之谜 为什么犯罪小说女王消失了 11 天？

发生时间 1926 年 12 月 3 日至 14 日。

阿加莎·克里斯蒂在探索人性阴暗面上很有造诣。她创作了约 80 部犯罪小说和短篇小说集，主角集中在对马普尔小姐、赫尔克里·波洛、汤米和塔彭丝等人物的塑造上，她的名字家喻户晓。据估计，她的书籍累计销售超过 20 亿册。毫无疑问，1926 年年末，她短暂无故的消失引起了轰动。

《斯泰尔斯庄园奇案》出版后，克里斯蒂一举成名，这正值她与卡尼尔·阿奇博尔德·克里斯蒂不幸婚姻的第 12 个年头。1926 年 12 月 3 日，两人在伯克郡的家里发生激烈争吵之后，丈夫离家出走，与长期交往的情人南希·内莉共度周末。同时，阿加莎告诉她的秘书她要去约克郡，就在丈夫离开的同一天晚上出发。但是，没过多久，她的莫里斯考利轿车就被发现停在萨里的纽兰兹角，车内有一个过期的驾驶证和一些衣物。至于阿加莎女士本人，却不见踪影。这正如她畅销书中的某个情节——紧紧地扣住了全国人民的心弦。

人们首先想到的就是阿加莎自己决定结束一切，跳进附近一个叫静塘的喷池里。然后又有人猜测她遭谋杀，最大嫌疑人便是她的丈夫。无数警官和成千上万的志愿者都没能找到她，一位蛰居在约克郡哈罗盖特天鹅水疗酒店的班卓琴弹奏者鲍勃·塔品发现了她。阿加莎用来自开普镇的特丽莎·内莉夫人作假名登记入住酒店——她冒用情敌的姓氏，这绝非巧合。

排除卡尼尔·克里斯蒂的嫌疑后，公众急需一个解释。阿加莎曾被诊断患有健忘症，而且，她当时处于极大的压力状态下：她的婚姻濒临崩溃，还长期超负荷工作，母亲也刚过世不久。

但是有人并不相信她承受不了这种心理压力，有人怀疑这是在博取公众关注，还有人指控她陷害自己的丈夫。克里斯蒂本人从来没有做过任何解释，在后来写的自传中也丝毫没有提及此事。这到底是慢性健忘症还是某种阴谋，她当然不会给出答案。谁还能指望从“推理女王”那儿获得答案呢？

并非罪案 主图：阿加莎·克里斯蒂，照片摄于1925年，她于次年失踪。嵌图哈罗盖特天鹅酒店，即天鹅水疗酒店，1926年，克里斯蒂现身于此。

无罪 卡尼尔·克里斯蒂，1915年现身于此，就在他与阿加莎婚后不久。他也许不是个完美的丈夫，但是妻子失踪后，人们对他恶意的指控都不属实。

39 吉姆·汤普森

未解之谜 从间谍变身“蚕丝之王”的吉姆·汤普森遭遇了什么？

发生时间 1967年3月26日。

吉姆·汤普森（Jim Thompson）的职业生涯有两个独特的阶段。他一开始在美国的战略情报局（中央情报局的前身）工作。第二次世界大战结束后，他成为泰国蚕丝产业的救世主，在这个过程中，他赚取了大量的财富。1967 年年初，他到马来西亚的乡下散步，就此失踪。这是否与他之前的职业有牵连？

汤普森坚信美国的战后任务是在全世界传播民主思想。因此，他来到东南亚，在未经官方批准的情况下，支持这些地区徐徐萌芽的反叛组织。然而，他渐渐认为美国政府打算支持共产主义的一切敌人，而毫不考虑民主因素。

汤普森定居曼谷之后，1948 年，他开启了崭新的生活，成立了泰国蚕丝公司。他利用现代技术与合理的工资让公司兴旺发达，并因此赢得了“蚕丝之王”的美称。1967 年 3 月 26 日，他与朋友去了马来西亚卡梅伦高地的农庄。大约下午 3 点，他出去散步，但没有带夹克、药物和烟，显然是很快就会回来的样子。傍晚时分，还不见他的踪影，他的同伴们报警说他失踪了。考虑到他的名气，警察立即展开了史无前例的大规模搜查，但还是没能找到他。

官方的说法是他可能在丛林里迷路了，或者被老虎袭击掉进了沟里。但了解他的人都不相信这个曾经的间谍会在午后散步时迷路。还有人怀疑他消失是不想让其他人知道他是同性恋，或者双重间谍身份。但是，许多研究者坚信汤普森并没有完全脱离与美国情报机构的联系：他们猜他被带去执行“最后一项任务”，但出了差错。也许他被自己人清除掉了？因为他们认为汤普森是个麻烦。比如，据报道，联邦调查局之前因“非美国的活动”而调查过他。

还有人传言，一位当地人在死之前坦白：汤普森死于一场交通事故，当地人没有对外报道此事，便悄悄埋葬了尸体。也许这位“蚕丝之王”果真死得如此平淡无奇，但是怀疑者认为事实并非如此。

蚕丝之王 吉姆·汤普森因复兴了纺织产业而在泰国声名大噪。但他是否还与之前的间谍职业有瓜葛呢？

40 亚瑟·卡拉万

未解之谜 伪造了无数次死亡的男子这次真的死在了墨西哥海岸的船上?

发生时间 1918年11月。

集诗人、艺术家、拳击手、歌手和“20世纪最佳市民”于一身的亚瑟·卡拉万(Arthur Cravan)将人生看成一场艺术表演,他卷入了无数的麻烦,从来都不怕震惊别人。第一次世界大战结束后,他到了墨西哥,打算坐船去阿根廷与妻子约会,自那以后,没人再见过他,他死于海难的说法也无法让所有人信服。

亚瑟·卡拉万这个名字本身就是虚构的,是法比安·阿芬那留斯·劳埃德(Fabian Avenarius Lloyd)用的假名。劳埃德被英国一所军事学校开除后,在1912年改名为亚瑟·卡拉万(这只是其中一个假名)。接下来的几年,他广游欧洲和美国,为一份有影响力的文化杂志《如今》(*Maintenant*)做编辑,偶尔写写愤青诗。他的公众演出通常陷入一片混乱,他也因此而出名。1914年,他在巴黎表演用手枪在舞台上枪毙自己。两年后,他出现在西班牙,与世界重量级拳击冠军杰克·约翰逊(Jack Johnson)对决。可想而知,比赛瞬间结束,约翰逊怀疑他的对手“没有经过训练”。

1914年,卡拉万来到美国,与妻子——诗人米娜·罗伊(Mina Loy)相识。1917年,他出席了纽约独立艺术家协会展览,马塞尔·杜尚(Marcel Duchamp)用他签名的尿壶开启了现代艺术的时代。醉醺醺的卡拉万在做演讲时想扒光自己的衣服,被警察从舞台上拽了下来。1917年,美国参战后,卡拉万和米娜搬到了墨西哥。1918年11月,他们计划游历阿根廷,但只负担得起一张普通票。所以卡拉万决定坐小帆船去和妻子会合。他们却再也不可能相聚了!有人说船在从墨西哥出发的路上翻了,所有人掉进了水里,但没有打捞到尸体。

几十年过去了,世界各地有零星的目击卡拉万的报道。卡拉万一直都想伪造自己的死亡,说不定这次就是装死。他死后还有著作产生,有人怀疑神秘作家B.特拉文(B.Traven)就是他,他的小说包括1927年的《马德雷山宝藏》(*Sierra Madre*)。当然,以扭曲自己的真实遭遇为乐,除了卡拉万,世上不会再有第二人。

41 黑色大丽花

未解之谜 谁是伊丽莎白·萧特（Elizabeth Short）可怕谋杀案的凶手？

发生时间 1947年1月。

1947年1月15日，贝蒂·勃辛格带着自己的孩子在洛杉矶南部的雷迈特公园散步。当他们路过诺顿街区（就在第39街区和大剧院之间）一片茂盛的草地的时候，勃辛格似乎看到那里躺放着一个服装模特。实际上，这是一具被肢解的赤裸的女性尸体，受害者正是22岁的伊丽莎白·萧特。由此，对举世震惊的“黑色大丽花谋杀案”的调查就此拉开了帷幕。

伊丽莎白·萧特年轻的生命不幸被扼杀。1924年7月29日，她出生于波士顿，童年生活很不幸：体弱多病，父母离异——事实上，她的父亲伪装自杀离家出走了。因此，毫不稀奇，伊丽莎白偏离了正常的人生轨迹，未成年就开始违法饮酒。

之后，她四处游荡，从马萨诸塞州到加利福尼亚州，最后去了加利福尼亚南部。她靠做服务员为生，但是工作很不规律。她是个漂亮的黑发女郎，长着蓝眼睛，因此很多异性拜倒在她的石榴裙下，她也愿意与她的爱慕者勾搭在一起，只要这些人往她身上砸钱。她死后，有谣言说她是个应召女郎，但还没有决定性的证据来证明这种说法。

事实上，反对者称她患上了某种并发症，导致她很少有亲密的行为。毫无疑问，她交了很多男朋友，但是好几个后来都提供了同样的说辞：一起喝酒吃饭后，伊丽莎白就会找借口离开。

1947年年初，伊丽莎白极度缺钱，甚至难以支付微薄的租金。贝蒂·勃辛格骇人的发现令伊丽莎白一夜成名，但这是个悲剧。伊丽莎白的尸体被拦腰斩断，血被放干，部分肉体被移除。尸体被清洗过，还摆出了一些姿势，双手被放在头部，双腿张开。嘴自两边嘴角被割开，伤口直至耳根，看起来像个“笑脸”，手臂、腿部和颈部都有勒痕。

尸体解剖给出的死因是脸部划伤出血过多，再加上头部的击打。媒体赶到现场，不久，伊丽莎白就有了新的称呼——“黑色大丽花”。有些人指出这是她的昵称，可能指的是当红的电影《蓝色大丽花》。其他人则表示这完全是媒体的创作，但不管名字来源何处，大家都沿用至今。

真 相　罗伯特·“红”·曼利在接受测谎仪测试。他是最后一个在洛杉矶比特摩尔酒店看到萧特还活着的人。他最后通过了测试。

永远的纪念 伊丽莎白·萧特的父母为她竖立的墓碑，纪念她短暂、悲剧的一生。杀害她的凶手在这座城市留下了永远的印记。

1947 年 1 月 23 日，疑是杀害伊丽莎白的凶手给洛杉矶的检察官写了一封信，很快就有一群疯子和求关注的人排队承认自己就是凶手。洛杉矶警务部很快就驱散了大部分人。但在 2 月初，同一家报纸又收到了一个包裹，里面装有伊丽莎白的个人物品，有一个地址簿，大概有 75 个男人详细的联系方式。警察追踪调查了这些人，但没有人受到指控。

警察真正想知道的是伊丽莎白遇害前一周至“消失”，这期间发生了什么。罗伯特·“红”·曼利（Robert “Red” Manley）报告说，1 月 9 日，他将她留在金碧辉煌的比尔特莫酒店大厅，在顺利通过测谎测试之前，他是主要的嫌疑人。其他嫌疑人包括马克·汉森（Mark Hansen），一个租金低廉的夜店老板，他与伊丽莎白在 1946 年共处过几个月，据说，伊丽莎白拒绝了他的追求。还有杰克·安德森·威尔逊，一个酒鬼流浪汉，他告诉作家约翰·吉尔摩只有作案人才知道的犯罪细节，但是还没来得及逮捕和审问，他就葬身于酒店的火灾了。

之后，2003 年，史蒂夫·霍得（Steve Hodel）——一名洛杉矶警察局前侦探——认为他的父亲乔治·霍得医生是罪犯。当然，警察相信凶手肯定是个医务人员，这可以从尸体受到的伤害看出来。1997 年，《洛杉矶时报》作者拉里·哈尼施（Larry Harnisch）指控沃尔特·阿隆佐·贝利（Walter Alonzo Bayley）医生，他是一个外科医生，而且居住地离犯罪现场很近，他女儿还是伊丽莎白妹妹的好朋友。哈尼施指控贝利有心理问题，使得他犯罪杀人，但是贝利当时已经 67 岁了，而且没有犯罪前科。还有更荒谬的说法指出奥逊·威尔斯（Orson Welles）才是真正的凶手。

随着时间的推移和证据的不充分，侦破此案变得不可能，“黑色大丽花”已成为过去时代的遗憾。

42 迪亚特洛夫事件

未解之谜 九个年轻健康的冒险者的尸体为什么会出现在乌拉尔山？

发生时间 1959年2月2日。

1959年，9名越野滑雪者在俄罗斯乌拉尔山区失踪。10个星期后，人们才发现他们的尸体，所有证据表明，他们是在逃避某种可怕的东西。他们究竟在怕什么？一时众说纷纭，有人说是外太空生物，有人说是苏联军队，还有人说是大自然的某种东西。

旅行开始于1959年1月末，领队是伊戈尔·迪亚特洛夫（Igor Dyatlov）（这次悲剧事件就是以他的名字命名的）。他从乌拉尔工学院召集了10个勇敢的冒险者（8男2女，包括他在内），到北乌拉尔奥托尔滕（Otorten）滑雪。他们坐火车到斯维尔德洛夫斯克州的伊夫德尔（Ivdel），然后再坐卡车去威扎伊（Vizhai），这是一个人迹罕至的地方。他们在1月27日开始了漫长的滑雪之旅，但不到一天，就有一个队员因身体不适而被迫返回。到了2月1日，剩下的人到达了“休眠之山”（Kholat Syakhyl）。虽然有点儿偏离原定路线，但大伙还是决定当晚在那儿安营扎寨。

迪亚特洛夫原计划带领探险队安全到达威扎伊之后，便与学校的朋友联系。但直到2月20日，他的朋友没收到任何消息，于是志愿者组成的队伍开始搜救，很快警察和军队也加入其中。六天后，他们在“休眠之山”发现了被遗弃的帐篷。帐篷是从里面被撕开的，破损严重，覆盖着积雪。不管探险者去了哪儿，他们的随身物品留下了。雪地上的痕迹表明迪亚特洛夫和他的伙伴是在匆忙之下离开的——有些人没穿鞋，有些人只穿了袜子。

不久，搜救队就在帐篷几百米外找到了5具尸体，他们都不同程度地脱掉了衣服。一些人看似要逃离，而其他人则像是要返回的样子。其他4具尸体直到5月4日才找到，他们被深深地埋在山谷的积雪中。他们的着装要比之前找出的5具尸体完整，虽然有的人穿着别人的衣服。

前5个受害者都被判定是由于体温过低而死，后4个人的死因更加复杂。他们都没有外伤痕迹，其中3人的头部或胸部遭到严重的损伤，就像撞车受的伤。其中一个名为柳德米

震惊 尸体的状态震惊了搜救队。丢失的舌头和眼睛，变色的皮肤和无法解释的伤口使得迪亚特洛夫事件变得扑朔迷离。

内幕 奇怪的是，搜救队发现受害者的帐篷是从里面切开的。难道这件事起因于迪亚特洛夫团队内部？我们无从得知。

纪念碑 1959年2月1日晚到底发生了什么，我们可能永远也无法得知，但是迪亚特洛夫和惨遭厄运的同伴们将被永久地铭记。他们安扎帐篷的最后一个据点被正式命名为“迪亚特洛夫关”。

拉·杜比妮娜（Lyudmila Dubinina）的女队员失去了舌头。官方调查的结论是9人死于“大自然的不可抗力”——这一论断留下了巨大的猜测空间。

起初，有人指控当地的曼西人犯下了这桩恶劣的罪行。但是这种说法没有持续多久。在那个地区，根本没有人出入，而且他们的身体软组织也没受到伤害。基于同样的原因，动物袭击的可能性也被排除在外（虽然有人猜测杜比妮娜的舌头受到食腐动物的袭击）。

事发当时及之后的几个星期，该地区报道过天空中出现橘色的球状物体。这又让人联想到外太空可能与这起事件有牵连，或者有军队介入。还有人指出这些地带实际上有导弹，苏联在这片区域开展过大规模的武器试验。这种说法的可信度很高，因为部分受害者受到大量的放射性污染。此外，好几位参加受害者葬礼的人都指出尸体颜色有异常。

怀疑者提出，皮肤颜色的异常只是因为长时间在野外暴露，或者是殡仪馆的人造成的。同时，放射性污染可能是接触了帐篷内点的煤油灯的灯芯，当时野营用的灯芯里含有钍。关于此案的官方文件直到20世纪90年代才解密（即便是那个时候，也有许多重要信息被删除了），所以想要了解尸体的确切状况和受污染情况是不可能的。

也许最有可能的推测是探险队突然遭遇雪崩。这样可以合理地解释他们为什么迅速逃离，连衣服都来不及穿。这样也可以解释为什么有的受害者只是体温过低和暴露在外，而有的人遭受严重的内伤。但那里并不是雪崩经常发生的地带，即便这是最合理的解释，仍然留下了许多疑问。

43 西北海岸的断脚

未解之谜 为什么断脚会出现在不列颠哥伦比亚省和华盛顿州的太平洋海岸呢?

发生时间 断脚首次被发现于 2007 年 8 月 20 日。

沙利旭（Salish）海水道复杂，从加拿大不列颠哥伦比亚西南部延伸到华盛顿州西北部。2007 年 8 月 20 日，一个女孩在不列颠哥伦比亚杰迪戴亚（Jedediahl）岛岸边发现了一只尺码 12 号的运动鞋。里面装着一只袜子，而袜子里面是一只男人的脚。这就是耸人听闻的断脚案的开端。

如果第一次发现只是令人不安，那么三个星期之后的第二只断脚——这次是在加比奥拉（Gabriola）岛，也属于不列颠哥伦比亚——真正引起了人们的担忧。但这还只是开始。2008 年 2 月，人们在瓦尔德斯（Valdes）岛发现了第三只断脚，同年年末，又相继出现了第四只断脚（包括 2007 年 8 月第一次在美国海岸发现的断脚）。

截至 2014 年 5 月，人们在不列颠哥伦比亚海岸发现了 10 多只断脚，在华盛顿州海岸发现了 4 只断脚。这个本地可怕的神秘案件因此成为国际媒体关注的焦点，但是调查几乎没有进展——这些断脚有男人的，也有女人的，通常都是被肢解的，唯一的联系就是，在发现它们的时候，都装在运动鞋里。

为什么只出现了脚，而没有其他身体部位？原本让人困惑不解的问题，很快就有了科学的解答。脚踝是一个相对脆弱的关节，脚从浸泡的尸体上分离出来是很正常的事情。运动鞋自带浮力，还让鞋里的脚免受饥饿鱼群的分食，因此它可以漂流很远的距离。

但是这些脚是谁的呢？早期的说法指出它们是海难或者空难遇害人员的，尽管发现的断脚数量令这种说法不攻自破。有人指出大多数运动鞋都产自 2004 年，因此有人推断这些断脚属于 2004 年亚洲海啸的受害者。其他人则指出这是一起犯罪案件——要么是个发疯的谋杀犯的一次失败的人口走私行动，要么是黑手党在传递恐怖的警告信息。

部分断脚已经确认，所属者各式各样，有自杀者的，还有意外身亡者的（其中一个还是 1987 年的）。但对于那些认为此事非比寻常的观察者来说，猜测还在继续。

44 埃德加·爱伦·坡的死亡之谜

未解之谜 是谁，是什么将美国伟大的文学家置于死地？

发生时间 1849年10月7日。

埃德加·爱伦·坡（Edgar Allan Poe）是美国文学大师，擅长写神秘小说，作品包括《莫尔格街谋杀案》（*The Murders in the Rue Morgue*）和《失窃的信》(*The Purloined Letter*)。但他给我们留下的最神秘的东西就是他的死亡之谜。1849年10月，有人发现他在巴尔的摩，当时他衣冠不整，后来再也没人见到过他。他是怎么沦落到这种不堪地步的？

1849年10月3日，一个叫约瑟夫·沃克（Joseph Walker）的人在一个酒馆外面碰到爱伦·坡，他一副神志不清的样子，用沃克的原话就是“极度抑郁”和“急需帮助”。沃克联系了约瑟夫·斯诺德格拉斯（Joseph Snodgrass）医生，因为他认识作家坡。于是约瑟夫·斯诺德格拉斯医生很快就把爱伦·坡送到华盛顿大学医院，并得到约翰·约瑟夫·莫兰（John Joseph Moran）医生的悉心照顾。他被安置在一个独立的病房，无访客打扰，但是关于他的遭遇，他却无法给出一个完整的解释。10月7日早上5点，爱伦·坡去世，享年40岁。

我们对爱伦·坡在世最后几日的了解都来自斯诺德格拉斯和莫兰的回忆。斯诺德格拉斯描述坡的样子“令人厌恶”：头发杂乱不堪，眼神空洞，昔日衣着整洁的大作家如今衣衫褴褛，完全不是他的穿衣风格。莫兰则将爱伦·坡带到医院专门收留积习难改的酒鬼的地方。

沃克撞见爱伦·坡的几天前，坡就已经离开了弗吉尼亚里士满，好像是要去纽约。这期间他的遭遇引来众人猜测。

爱伦·坡去世时，并没有正规的医疗记录，就连死亡证明都没有，有关他杀的言论纷纷出现。有人指出他是长期医疗诉讼的受害者。还有人怀疑他因之前过度服用止痛药阿片酊而意外自杀。还有人怀疑他是重金属中毒身亡，比如铅中毒或者水银中毒。埃德温·J.巴顿（Edwin J. Barton）用他的书《午夜幽魂：埃德加·爱伦·坡的死亡之谜》来描述爱伦·坡是如何因一次与他个人有关的谋杀阴谋而变得抑郁。

但是人们普遍认为爱伦·坡是饮酒过度而死的。在这么长时间之后尝试发现真相，要面对的部分挑战是，斯诺德格拉斯和莫兰都是特别不可靠的目击者。莫兰经常会夸大事实来迎

爱伦·坡的纪念碑 这座巨大的纪念碑矗立在他去世的城市巴尔的摩。他的追随者纷纷向他致敬，为他献花。这位文学先驱的死亡至今仍是一个谜。

合听众的口味。比方说，他最初说坡的遗言是："主啊，救救我的灵魂。"但是后来又说坡的遗言实际上是："有拱顶的天堂包围了我，上帝将信条印刻在每一个凡人的额前，魔鬼化身成人，它们会带来无尽的绝望。"显然后者比较诗意，也更加可信。

斯诺德格拉斯的可信度偏高一点儿，他说沃克原来的信中形容坡"处于中毒饮酒的状态"（实际上，信中没有提及此事）。斯诺德格拉斯是戒酒运动的热心支持者，这也为他的政治目的服务，这表明即使像爱伦·坡那样受人敬重的人也会因为罪恶的酒精而堕落。坡沉迷酒精的说法也受到反面人物鲁弗斯·威尔莫特·格里斯伍德的支持，他是爱伦·坡的职业对手，也不知道他怎么成了坡的文学遗产的执行人。他的两面派可从以下事件看出，他匿名写讣告，将爱伦·坡描述成一个可怜的老酒鬼，后来又在一本传记中写下类似的话（还添加了吸毒上瘾）。虽然坡的知心朋友严重质疑格里斯伍德的断言，但这种负面的人格攻击早就被当成了事实。

然而还有另外一种说法，虽然起初听起来很荒谬，但却有几分真相。爱伦·坡在巴尔的摩的时候，那里正在进行激烈的竞选。爱伦·坡会不会被囚禁了——选举时，将无辜大众绑架，用大量的酒精或毒品麻醉他们，然后带着晕乎乎的他们去投票，支持某个总统候选人？这种猜测也能解释为什么发现爱伦·坡时，他身上穿的衣服不是自己的。

爱伦·坡的真正死因引发了越来越多的猜疑，几乎都集中于第三方的阴谋。我们只希望，爱伦·坡的一生除了给公众留下许多疑问外，作为事件焦点的他真的在有生之年享受到了乐趣，仅此而已！

再也见不到了！ 在诗歌和小说中，比如《乌鸦》（《乌鸦》叙述的是一位经受失亲之痛的男子在孤苦无奈、心灰意冷的深夜与一只乌鸦邂逅的故事），爱伦·坡证明了他是恐怖小说的大师。作家爱伦·坡的死亡之谜只会更加提升他的名气。

45 迈克尔 · 法赫蒂

未解之谜 一位爱尔兰的退休老人真的自燃了吗?

发生时间 2010年12月22日。

人体自燃在电影和小说中是非常熟悉的桥段，但是关于它的真实存在性一直争议不断。所以现在 76 岁的爱尔兰人迈克尔 · 法赫蒂自燃而死引起了全世界的怀疑。大众对此论断评头论足可以理解，但是主流科学反驳这种论断是否有理有据?

2010 年，圣诞节前几天的一个早上，在戈尔韦的巴里贝恩，迈克尔 · 法赫蒂的邻居被烟雾警报吵醒。他看见烟雾从法赫蒂的房子里冒出来，立马向消防中心寻求援助。消防员冲进屋内，他们看到了悲惨的一幕。法赫蒂先生躺在起居室的地板上，身体严重烧毁，已经死去了。

除了悲剧，他们还感到困惑不解。房屋本身没有烧损痕迹，除了尸体接触到的地板和上面的天花板。此外，经过对房屋的全面检查，火警部队没有发现任何作案证据，因此他不可能是被人谋害的。尸体确实接触到了明火，但是调查者称这并不是致命的原因。

2011 年 9 月，在西戈尔韦的验尸官夏兰 · 麦克劳林（Ciaran McLoughlin）医生的指导下，人们进行了死因调查。经过专家检测和学术测试，他下了惊人的结论："经过全面调查，我断定这是由身体自燃导致的，除此之外，没有更好的解释。"在他长达 25 年的职业生涯中，从来没有过类似记录。

那么，什么是身体自燃呢? 简而言之，就是在没有外部热源的情况下，一个人自己焚烧起来。第一起案例可以追溯到 1663 年，据说一位巴黎女子燃烧了起来，可是她睡觉的草床却完好无损。然而，许多科学界的人认为人体自燃不过是一种噱头罢了。

另一种说法是受害者是死于某种"灯芯效应"。据说，一种热源（比如余烬和烟头）点燃了受害者的衣物。同时，恐怖的是，皮肤裂开露出脂肪，这时燃烧的衣服就像灯芯，脂肪就像烛蜡。这样，一直将脂肪烧尽，然后熄灭，周围的事物不受任何影响。这种说法很有道理，但是有的人指出，某些自燃受害者的体内器官没有烧伤的痕迹。

危险的自燃 数世纪以来，人体自燃出现在各种文艺作品中，它是否真实存在，科学界观点不一。不过，历史上也记载着无法解释的与火相关的致命案例。

肉体证据 身体自燃的图片证据稀少，此图展示的是69岁的艾米丽夫人在1958年死于西伦敦。虽然她上半身掉入火炉，但普通大火不可能将她烧为灰烬。

而且，迈克尔·法赫蒂一案中，验尸官明确地指出壁炉是火源，也并没有找到其他热源。即使人体自燃不是经常被报道的现象，但它之前确实存在过。在过去三个世纪中，全球验尸官报道的类似案例有200起。美国人弗兰克·贝克（Frank Baker）罕见地从自燃中侥幸存活下来。据他所说，20世纪80年代中期，他正准备和朋友去钓鱼，当他坐在沙发上的时候，身体突然就燃烧起来了。他说，当火焰吞没他的时候，他和朋友极力把火扑灭，以防止造成更多的伤害。医生告诉他火是“从内向外烧的”。

害怕死亡是人类的本能——在死亡面前，我们无能为力，它不可预知，有时还很随意。对于很多人来说，自燃是非常糟糕的。科学上也不太喜欢这类死亡——它不合理，因此遭到反对。但是，我们不能因为某些事物用科学无法解释，就断定它不存在，这不是很愚蠢吗？

46 “盒子里的男孩”

未解之谜 美国“盒子里的男孩”的真实身份是什么？
发生时间 1957 年 2 月。

在本书中，鲜有比费城“盒子里的男孩”更悲剧的故事了。20 世纪 50 年代，人们在一个旧纸箱里发现了一具被遗弃的小孩尸体。疑似受害者身份的人都活得好好的，也没有人来解释他的死因。直到今天，小孩的身份仍然是个谜，是现代美国人心中抹不去的伤痛。

1957 年 2 月末，一名男子在费城的福克斯齐斯（Fox Chase）地区看到了一个盒子。里面用毯子包裹着一具小孩尸体，赤裸的身体满是瘀伤。专家猜测他的年龄在 3 岁至 6 岁。奇怪的是，他的指甲被拔掉，头发也被胡乱地剃掉。验尸官判定他是头部受重击而死。这个案子引起了极大的关注，但是鉴定孩子身份的尝试惨遭失败。检查过失踪人员的记录，却没有一个符合这名幼童的身份。在孤儿院展开的大范围调查也同样没有结果。

对可疑人员清单上的对象，比如有暴力倾向的流浪者、众所周知的虐童犯，还有将女儿尸体丢到垃圾箱的母亲等都一一进行了调查，可是没有收获。曾经流行一种说法（灵媒的证词），答案就在当地一个抚养者的家里，但是最热心追踪这条线索的调查者（验尸官办公室的雷明顿 · 布里斯托）于 20 世纪 90 年代早期去世，当时无法找到任何可信的证据。

2002 年，据报道，一位来自俄亥俄州的心理医生联系了费城的警察。她的一位患者（名字为“M”）说她的父母曾在 20 世纪 50 年代中期买了一个男孩来进行性虐待。有一天，M 的母亲将那个叫约翰逊的孩子殴打致死。第二天，M 的母亲和 10 岁大的她将车开到很远的路边，然后将男孩的尸体扔在那里。M 说一个摩托车司机还停下来问她们是否需要帮助，以为她们的车出了故障。虽然对 M 说的可靠性存有疑虑，但是她的讲述与 1957 年的目击报道相符合。

因此，至少我们知道“盒子里的男孩”死亡时的状况，但是孩子的真实身份和谋杀他的人，至今仍然未知。

47 谁是开膛手杰克?

未解之谜 是谁制造了英国历史上最臭名昭著的连环屠杀案?

发生时间 1888 年

他绝对是英国犯罪史上最恶名昭彰的杀人犯，自那时起的 125 年以来，开膛手杰克的身份仍然是个未解之谜。人们提供了几十个嫌疑人，他们都来自各个社会阶层，其中还有人断言社会顶层人物对这起案件进行了掩盖。即便是现代科技也无法提供证明杀手身份的决定性证据。

“维多利亚时代的英国”弥漫着端庄和谐的气氛，但 1888 年一名连环杀手在东伦敦肮脏破败的白教堂区制造的血案打破了这种状态。人们公认的第一桩案子发生在 8 月末，妓女玛丽·安·尼克劳斯被谋杀。还有另外四桩“典型”的案子（后来都一致认为是开膛手干的），每一个受害者都是妓女，她们是：安妮·查普曼（9 月 8 日遇害）、伊丽莎白·斯特瑞德和凯瑟琳·艾道斯（两人都于 9 月 30 日遇害），以及玛丽·简·凯利（11 月 9 日遇害）。还有另外六桩命案，都在此之前或之后，都与这个杀手相关联，虽然他的罪行有争议。

该杀手用刀肢解了受害者。在五桩“典型”的案件里，有四桩都是这样（伊丽莎白·斯特瑞德是个例外），她们的尸体都被胡乱地肢解。这种动刀的手法，还明显涉及一些解剖知识，警察据此猜测罪犯很有可能是一名训练有素的医生或者屠夫。虽然公众迫切要求逮捕罪犯，但没有人被绳之以法。

自那以后，对凶手的搜索引来无数人参与。100 多名嫌疑犯遭到审问——部分人的证词有很高的可信度，其他人的无关痛痒。比如，之前一直传言杀手就是维多利亚女王的孙子——克拉伦斯公爵阿尔伯特·维克托（Albert Victor），他因梅毒而发疯，但现在很少有人相信这种说法。我们怀疑其中涉及阴谋，这也是合理的猜测，比如皇室、警察、共济会，以及索尔兹伯里勋爵（当时的英国首相），因为他们想要掩盖阿尔伯特·维克托和一个身份低微的女店员有一个私生子的事实。另外一个与皇室有联系的嫌疑者是女王的产科医生约翰·威廉爵士，他被指控因科学研究而杀害了这些人，但缺乏确凿的证据。

另一个“名人”嫌疑人是画家沃尔特·西

阴影 1888 年秋，开膛手杰克在东伦敦肮脏破败的白教堂区制造了血案。时至今日，人们仍然记得这桩案件。

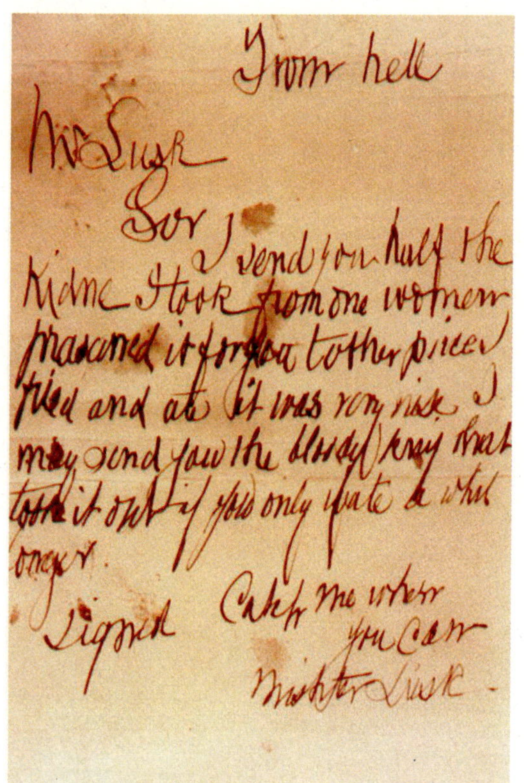
From hell

Mr Lusk
Sor
I send you half the Kidne I took from one women prasarved it for you tother piece I fried and ate it was very nise I may send you the bloody knif that took it out if you only wate a whil longer

Signed Catch me when you Can Mishter Lusk

恶魔的罪行 当时寄来的信件，据说是杀手写的，落款为“来自地狱”。长期以来，信件的真实性备受争议。也许是一名女子写的呢？

克特（Walter Sickert），他某些引人深思的作品被认为是杀手作案的场景。犯罪作家帕特丽夏·康维尔（Patricia Cornwell）尤其相信他是有罪的，但很少有其他“开膛手研究者”赞同这种猜测。

我们知道警察发现了靠近艾道斯受害现场的涂鸦，并且把它擦掉，涂鸦写着“犹太人并非无罪”。这是因为担心涂鸦会点燃反犹太情绪，高官决定将它销毁，而在很多人看来，这就是关键的证据。然而其他人认为这个标语只是用来误导他人的。这些犯罪案件吸引了过多的炒作者，许多人来信都宣称自己为凶手，结果毫无用处。

然而，还是有人坚信部分信件是真实的，由此推断出一个惊人的发现，我们实际上应该寻找杀手吉尔（Jill）。21 世纪初，一位名叫伊恩·芬德雷（Ian Findlay）的澳大利亚学者对几份最具真实性的信件进行了 DNA 测试，然后断定了写信的人为一名女子。作家约翰·莫里斯（John Morris）支持了这种说法。他在《开膛手杰克：女子之手》这部书中将杀手的真实身份指向利兹·威廉斯（Lizzie Williams），即前文提到的约翰爵士的妻子。

被指控的人形形色色，不一而足。2014 年，一条在艾道斯受害现场发现的疑似被害人的围巾上的 DNA 分析结果显示，该案与艾伦·柯明斯基——一个波兰裔犹太移民有关，他在反犹太运动的孩童时代，目睹了俄罗斯帝国的暴行。他遭受了严重的心理创伤，警察注意到他与连环杀手案有联系时，将他送到了专门机构进行治疗。可是，对一条有争议证据的 DNA 分析结果并不能下定论。虽然柯明斯基一定脱不了嫌疑，但并不能说这个案子“结案”了。无论是谁制造的惨案，严格来说，都是一个疯子的举动（无论男女），但这个“疯子”却用正常的心智，巧妙地隐藏了自己的身份。社会高层人物是否从中作梗，我们永远也无法知晓。

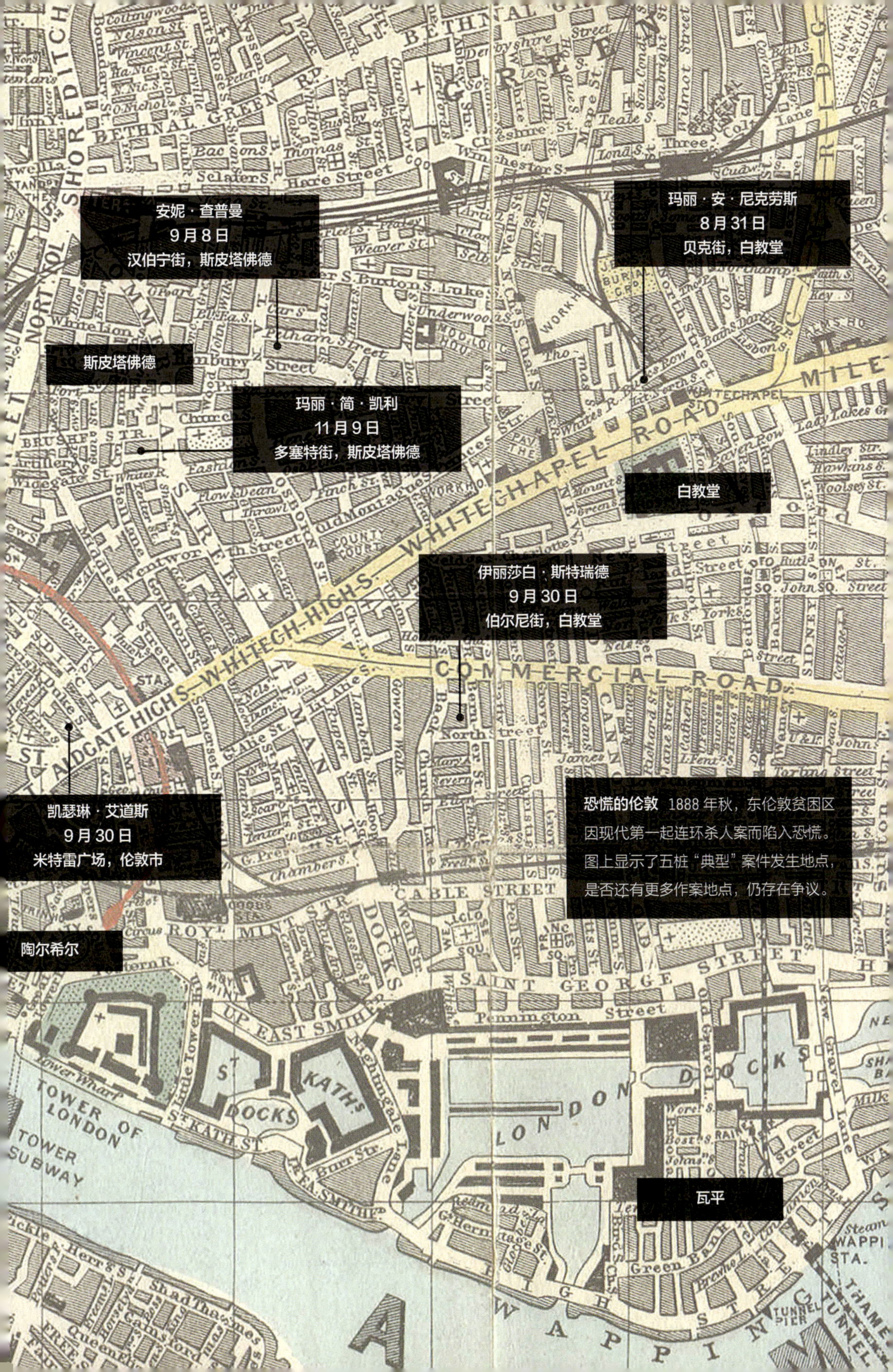

恐慌的伦敦 1888年秋，东伦敦贫困区因现代第一起连环杀人案而陷入恐慌。图上显示了五桩“典型”案件发生地点，是否还有更多作案地点，仍存在争议。

48 李·哈维·奥斯瓦尔德之死

未解之谜 为什么杰克·鲁比（Jack Ruby）要谋杀掉刺杀肯尼迪总统的人？

发生时间 1963年11月24日。

1963 年 11 月 22 日，肯尼迪总统遭暗杀，这给美国人民的内心留下了难以愈合的伤疤。这起犯罪引发有史以来最多的阴谋论。李·哈维·奥斯瓦尔德（Lee Harvey Oswald）在数小时之内就被确认为凶手，第二天，在警察押送他转移途中，达拉斯（Dallas）的夜店老板杰克·鲁比在隐蔽处把他射杀了。他为什么要这样做？

奥斯瓦尔德最初被描述成独狼式的共产主义支持者，但是现在人们普遍认为杀害总统是一个阴谋。有人说是心怀不满的古巴异见分子作的案，还有人认为是充满怨恨的右翼分子或者情报机关干的，反正都是一群害怕被美国政府严厉打击的人。在所有猜想中，有一个令人好奇的人物——杰克·鲁比，他在几百万电视观众面前杀了奥斯瓦尔德。鲁比为什么杀人，是因为他所说的失去肯尼迪而愤怒难平才杀人？加上急于展示“犹太人可不是好惹的”，并且让肯尼迪的遗孀杰奎琳避免了因为庭审奥斯瓦尔德而悲从中来吗？

很多人都拒绝接受他杀人只是因为他是个我行我素的人，抓住机会向美国最臭名昭著的人复仇。诚然，52 岁的鲁比有家族心理病史，他本人也有暴力倾向，但事后好像不记得自己的暴力行为。他习惯性地携带枪支，因为他经常从夜店转移大量现金。但是这些细节是否都太牵强了？

毕竟鲁比是与有组织犯罪相联系的职业罪犯，而肯尼迪政府大力压制黑势力活动，因此肯尼迪是被黑帮分子杀害的吗？有人争辩说鲁比还不够资格胜任干掉奥斯瓦尔德的工作。是不是鲁比的暴徒同伙们相信他能利用关系操纵当地警力来安排这场袭击呢？或者他是因为债务问题而不得不从事此勾当？

鲁比 1967 年死于癌症，1964 年还在为自己脱罪。1965 年的电视采访中，他说道：“一切与之相关的事情还没有浮出水面。世人永远不会知道真相，也不会知道我的动机。那些别有用心，坐收渔利，将我置于此番境地的人永远不会让世人知道真相。”

49 阿尔弗雷德·罗文斯坦

未解之谜 那位坠机的金融家经历了什么?

发生时间 1928年7月4日。

阿尔弗雷德·罗文斯坦（Alfred Loewenstein）曾经是全球首富。他冷酷无情，树敌无数。1928 年 7 月 4 日，他乘坐私人飞机，跨越英吉利海峡的时候，去了卫生间，几分钟之后，他就失踪了，飞机上有一扇门是打开的。15 天之后，才找到他的尸体。他到底是自杀、意外，还是有某种更离奇的缘故?

1877 年，罗文斯坦出生于比利时。第一次世界大战期间，他去了伦敦，通过在证券市场中的运作，他变得非常富有，以当时的市价来算，他积累的财富高达 1200 万美元。但各路评论者都控诉他有罪、自大和缺乏道德。他利用部分资金来满足自己对更高生活品质的追求，出行都使用私人飞机，这是当时第一架有卫生间的私人飞机。1928 年 7 月 4 日，飞机从克罗伊登（靠近伦敦）出发到布鲁塞尔的时候，他去了卫生间，他是从机舱尾部其中一扇门进入的（另一扇门才是主要出入口）。

几分钟后，因为未见他踪影，他的秘书就去卫生间查看，发现里面没人，但是主要出入口的门却是打开的，还在不停地摇动。他们猜测罗文斯坦分不清到底要从哪个门进来，因此才惨遭厄运（他的同伴确认了他越来越健忘的事实），秘书将这一发现告诉了同行的伙伴——飞行员、一名机械师、一名男空乘和两名女空乘。飞机在诺曼底一个废弃的沙滩上降落，在那里停了半个小时，停留原因至今未明。然后在就近的机场报告了此事。罗文斯坦的尸体最终于 7 月 19 日在布伦被发现。

他死亡的消息引起了一阵股市动荡，一时谣言四起。英国空军部排除了意外死亡的可能，因为按照飞行的高度，主要的出入口不可能被轻易打开。不可避免地，有人怀疑他是被机上人员杀害的（也许是与人合谋），并利用在诺曼底降落的半小时来掩盖这个阴谋。还有人断言他是自杀的，因为公司财富流失，或者因为即将被揭发的腐败行为。令人好奇的是，罗文斯坦的妻子并未出席他的葬礼，他的墓碑上面也没有刻字。因此，有人怀疑，这是否说明他的死亡是伪造的? 如果你是世界首富，那么一切皆有可能。

男孩的玩具 阿尔弗雷德·罗文斯坦享受着舒适的生活，他在这个地方上了私人飞机。他的死到底是意外还是另有隐情？

50 奥洛夫·帕尔梅之暗杀

未解之谜 谁杀了瑞典首相?

发生时间 1986年2月28日。

瑞典素以繁荣、自信、和平而闻名，因此1986年瑞典首相奥洛夫·帕尔梅（Olof Palme）在斯德哥尔摩街头遭枪杀一事举世震惊。有一个犯罪嫌疑人后来上诉被判无罪，关于将帕尔梅置于死地的杀手和企图仍众说纷纭，其罪责指向了遥远的东欧、南美、非洲及亚洲。

1986年，杀害瑞典首相奥洛夫·帕尔梅的杀手在全国乃至整个欧洲引起了震惊。虽然警察展开了大范围的调查，但是罪犯仍然身份不明。

1986年2月28日晚，帕尔梅和他的妻子丽斯贝特（Lisbet）看完电影之后，在瑞典斯德哥尔摩市中心闲逛。帕尔梅希望像普通人一样散步，于是拒绝保镖跟随。一个杀手不知从哪个地方冒出来，近距离地射杀了帕尔梅，然后开第二枪射伤了丽斯贝特。有人发出警报，尽力挽救首相，这时袭击者已经逃跑了。

大约25名目击证人向警察录了口供，但是没有人看清罪犯的模样。大部分人描述罪犯的年龄在30~50岁之间，约有1.8米（约6英尺）高，穿着黑夹克，走路姿势很怪，可能是因为跛脚。据说杀人凶器是史密斯&威森（Smith&Wesson）左轮手枪——是于2006年在瑞典中部达拉纳（Dalarna）的一个湖里发现的，虽然有大量的旁证可以说明这就是凶手使用的武器，但是根据它在水中的时间来看，法医无法确认这个事实。

1988年，警察逮捕了一名名叫克里斯特·彼得松（Christer Pettersson）的职业罪犯，他那一长串犯罪列表里包含了20世纪70年代的杀人案。丽斯贝特认定他就是射杀者，要求判他终身囚禁。但是，1989年的起诉中，他被判无罪，高级法院指出在组织嫌疑犯列队辨认中存在问题，而且找不到凶器，也缺乏犯罪动机。

彼得松死于2004年，两年后，一家电视纪录片的录制团队采访了他的部分同伙，同伙都说他承认了自己的罪行。他们说道，彼得松的暗杀目标是一名毒品交易商，据说后者就住在枪杀案发生的地区，而且样貌与帕尔梅十分

等待正义 瑞典首相奥洛夫·帕尔梅1986年被刺杀震动了瑞典和整个欧洲。尽管警方发起了大规模的调查，但凶手的身份依然不明。

正脸照 职业罪犯克里斯特·彼得松被控谋杀，在随后的审判中被无罪释放。很多人认为在这起谋杀案中，彼得松背后还有着更为强大的势力。

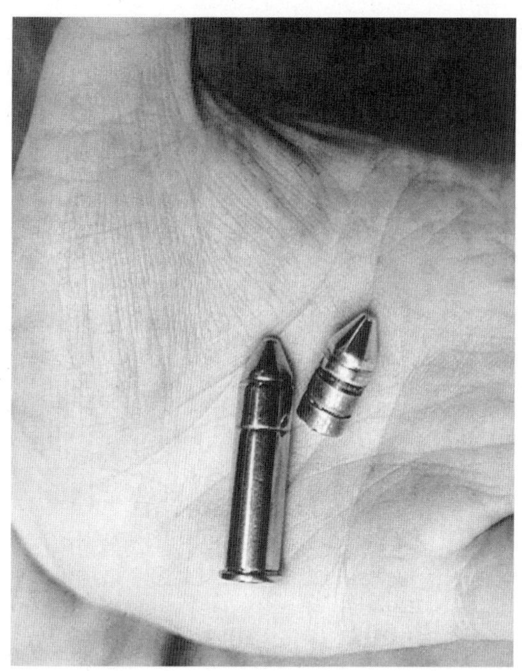

弹头 奥洛夫·帕尔梅被这种子弹所射杀，现已停产。这是一种 0.357 口径的温彻斯特·马格南子弹，正是它引发了瑞典历史上最大规模的搜捕行动。

相似。虽然有人怀疑这个同伙的证词，但这是瑞典历史上最引人注目的、错认身份而犯下的罪行。

另一种说法称，帕尔梅是被南斯拉夫情报机关培养的杀手杀害的，他们打算组建克罗地亚右翼分裂主义势力，也有人指向库尔德异见分子。还有说法称帕尔梅偶然发现证据，能证明瑞典头号武器制造商和印度政府的成功谈判涉及贿赂行为。

其他调查者仍坚信帕尔梅是受阴谋所害。在里根和撒切尔掌权的右倾政治时代，帕尔梅和他的社会民主人士仍旧是左倾政治的忠实维护者。在国际舞台上，他是民权的积极倡导者，无论是在国内还是在国外，他都树敌无数。

有人认为最大的嫌疑人是民主右翼极端分子或者由不满的叛变警官组成的阴谋集团。史迪格·拉森（Stieg Larsson）对这个案子做了大量的研究。史迪格·拉森是一位死后成名的作家，他的犯罪小说迎来黄金时代，销量高达几百万册。他指出凶手是一个有名的右翼分子，有心理问题，还有使用枪支的记录。他指认的嫌疑人确实被警察调查过，但他有充分的不在场证明。然而，为他提供不在场证明的女子后来与他发生分歧，并撤回了证据。可是，这名犯罪嫌疑人没有受到任何指控。

在许多评论者看来，在众多的阴谋论中，南非的线索最具说服力。就在他遇害的前一周，帕尔梅召开了一场反种族隔离会议，号召废除种族隔离制度。此时，瑞典向纳尔逊·曼德拉（Nelson Mandela）的非洲国民大会捐赠了大量资金，还有传言称曼德拉的政府也从莫斯科周转资金。一位前任高级警官尤金·第·考克上校，1996 年在南非后种族隔离的真相与和解委员会上演讲，称帕尔梅是政府资助的暗杀小组的目标。他的说辞受到该区其他警方重要人士的支持，虽然暗杀者的具体身份仍存在分歧。

51 “上帝的银行家”——罗伯托·卡维

未解之谜 谁杀了这位被称为“上帝的银行家”的人，为什么？

发生时间 1982年6月18日。

罗伯托·卡维（Roberto Calvi）是意大利一家大银行的老板，他和这个国家许多有权势的人打交道，却死得很可怜。1982 年一个阴冷的早上，有人发现他的尸体被吊在伦敦黑衣修士桥（Blackfriars Bridge）下。是自杀还是他杀？很快我们就知道了有很多想置他于死地的人，但是他到底遭遇了什么，我们却无从得知。

罗伯托·卡维是意大利第二大私营银行安布西亚诺银行的总裁。生前，这个职位给他带来长期的丑闻和争议。1978 年，货币出口骗局使得该银行受到刑事调查，1981 年，卡维因这起骗局而获罪，被判四年徒刑缓期执行，缴纳高达几百万美元的罚款。由于上诉成功，他被允许保留在银行的职位。

卡维比任何人都清楚这家银行前景惨淡。事实上，银行还在借债经营。1982 年 6 月初，他以个人名义写信给教皇约翰·保罗二世（梵蒂冈银行是安布西亚诺银行最大的股东，因此卡维的绰号为“上帝的银行家”）。卡维意识到自己的银行负债累累，并且无法偿还——有人估计其负债高达 15 亿美元。他警告教皇，银行破产会让天主教堂“遭受最惨重的损失”。

1982 年 6 月 10 日，写完信后的几天，卡维用假护照逃离了意大利。据说他到了瑞士，在那里雇了一架私人飞机去伦敦。6 月 18 日早上 7:30 左右，一个邮递员发现他的尸体悬挂在黑衣修士桥下面的塔吊上。他的衣服上压着砖头，口袋里塞了 15000 美元的现金。

1982 年 7 月，英国的验尸结论是自杀，但是卡维的家人不相信。一年后的第二次验尸记录了公开的结论，说确切的死因还未确定。卡维的家人相信罗伯托是被谋杀的，他们在 20 世纪 90 年代雇了私家侦探进行调查，还掘墓开棺。经最先进的法医技术鉴定，卡维的鞋子上面没有涂料和锈迹，如果他真的爬到塔吊上将自己吊死，那么他的鞋子上肯定会有痕迹。很明显，发现他尸体的那天早上，河水涨潮，这样可以让站在船上的人把他从塔吊上接下来。此外，没有痕迹说明卡维触摸过压在他口袋上的砖头，脖子上的伤口也与上吊的伤痕不一致。

遥远的桥 左页图：罗伯托 · 卡维了解的金融机密让他成为许多权势人物的威胁。上图：黑衣修士桥，横跨伦敦泰晤士河，是卡维惨死的地方。

现在看起来这像是一起谋杀案了，在上吊之前就有人夺去了他的性命。但谁有杀人动机呢？也许列举没有杀人动机的名单更快。安布西亚诺银行破产后，在意大利，参与有组织犯罪的许多知名人士失去了大量财富。再说到梵蒂冈——给梵蒂冈教廷带来“最惨重的损失”指的是什么？梵蒂冈银行对其下属的秘密团体的活动了解多少？1984 年，梵蒂冈银行对安布西亚诺银行的 100 多名债权人支付了一笔数额不小的钱，这算是在名义上承认自己卷入其中。

据说卡维还是恶名昭著的共济会意大利分会（Propaganda Due）的成员之一。这个分会以重要人物云集著称，干着穷凶极恶的勾当，同时对意大利的上层社会施加影响。有人甚至将它说成是“国中之国”。有人猜测，卡维害怕承担银行倒闭的责任，如果旧友不搭救他，他就以揭露犯罪机密相要挟。这样是不是给他带来了灭顶之灾呢？有人从衣服上的砖头和填满现金的口袋发现了共济会的象征意义。有人猜测他们故意选择黑衣修士桥是因为这一分会的成员有时也叫“黑衣修士”（意大利语 *frati neri*）。

卡维死后的几年里，形形色色的地下人物纷纷冒出来将罪责指向前合作伙伴。2005 年，五名有组织犯罪的罪犯在罗马接受审判，但 2007 年，他们都被宣判无罪，法官认为证据不足。我们有充分的理由推测，很多人都清楚“上帝的银行家”到底发生了什么，但是他们没有一个人愿意或者敢于把真相告诉世人。

52 波尔登谋杀案

未解之谜 文静的利兹·波尔登（Lizzie Borden）真的用斧头杀了她的父母吗？

发生时间 1892 年 8 月 4 日。

这是一件困扰了美国整个维多利亚时期的审判案：一对受人尊敬的夫妇，安德鲁（Andrew）和阿比·波尔登（Abby Borden）被人用斧头杀死了。他们的女儿利兹(Lizzie)是主日学校的一名老师，她性格文静，被指控为作案凶手。她被判无罪后，就再也没有审过其他人，利兹在社交圈里声名狼藉。她是逃脱了谋杀罪，还是她一直都是清白的?

1892 年 8 月 4 日，波尔登的女佣布丽奇特·沙利文（Bridget Sullivan）听见从起居室传来利兹的尖叫声，那里躺着安德鲁的尸体。他被斧头猛击了 11 下，楼上则躺着阿比的尸体，也被击打了大约 19 下。警察很快了解到这家人发生了矛盾。比如，利兹冷酷地称她的继母为“波尔登夫人”。关于阿比在家庭财富上的分配比例，一方面，利兹和妹妹艾玛有严重的分歧，另一方面，她还和父亲有分歧。还有一个矛盾就是安德鲁杀了利兹照料的鸽子。

此外，据说利兹在前一天打算买毒药，还有一位家人的朋友报告说，她发现几天后利兹在厨房的火炉上烧了一件有污渍的裙子。利兹毫不在乎的态度对其脱罪没有帮助，不出一周，她就被捕了。审判在三个月之后进行。

陪审团只掌握了旁证，却在不到一小时的时间内就判定利兹无罪。但回到福尔河的家中，她被许多认为她有罪的同伴排斥。一位检举律师甚至表明既然法律无法制裁她，那么在道德上她有义务解释是如何逃脱罪责的。

然而，她的维护者把矛头指向了其他可能的杀手。其中一位便是女佣布丽奇特，现代研究者还指出她与利兹有恋情；然后就是约翰·莫尔斯（John Morse），他是利兹亲生母亲的弟弟，一直住在利兹家；作家阿诺德·布朗（Arnold Brown）将矛头指向安德鲁心怀不满的私生子；而其他人则指控大卫·安东尼，利兹的追求者；甚至还有人怀疑当地的医生西伯利·鲍恩（Seabury Bowen），他似乎与波尔登一家人闹翻了。明显有人逃脱了罪责，但就此认为凶手是利兹，不得不说有失公允。

体面的声誉 主图：马萨诸塞州福尔河的房子，安德鲁和阿比·波尔登就死于此地。嵌图：不讨人喜欢的利兹·波尔登真的是这桩血案的凶手吗？

53 追踪杀手

未解之谜 震惊了加利福尼亚的连环杀手是谁？

发生时间 20世纪60年代后期。

众所周知，十二宫杀手（简称“十二宫”）在嬉皮时代的北加州至少杀了五个人，还企图杀掉另外两个人。在警察和媒体掌握的信件中，自称是杀手的人称他一共杀了37个人。他指出他的信件有时会包含密码，只要解码后，就能揭露他的身份，但是这名杀手仍逍遥法外，罪案之谜还未解开。

在信中，他称自己为“十二宫”，就在1968年圣诞节前夕，他制造了一桩震惊世人的惨案，射击了一对少年情侣贝蒂·洛·詹森和大卫·法拉第，他们当时正在贝尼西亚赫曼湖路的车里。1969年10月11日他制造的最后一桩谋杀案，是在旧金山枪击了29岁的出租车司机保罗·斯丁。其间，他还袭击了另外两对夫妇，在瓦列霍的袭击中用的是枪，而在贝律耶沙湖的袭击中用的是刀。每对夫妻中只有一方幸存了下来。

20世纪60年代至70年代的几桩屠杀案中，十二宫杀手也有牵连，他因几项罪案被警察传唤。他还要求《旧金山纪事报》和《旧金山观察家报》发表他的一系列笔记，其中包含四篇可以揭露他真面目的密文。但只破解了其中一篇，那也只不过是杀人取乐的夸词。信中宣称十二宫杀手的动机是为自己的后半生组建奴隶队伍。证据证明他是真实存在的，里面提供了犯罪现场的细节，但警局还没有对外公布。

多年来，被举报的嫌疑者数不胜数，通常都是基于旁证。亚瑟·利·阿伦被畅销书作家罗伯特·格雷史密斯控诉，之后被警方调查，但他们与受害者在任何法医学上都没有关联。2009年，加利福尼亚律师罗伯特·塔博克斯称，1972年，有一个自称是十二宫杀手的商船水手拜访过他，并称想结束这场杀人狂欢，但是水手的身份不明确。2014年，一个叫兰迪·肯尼的人前来举报说，自己的朋友路易·麦耶斯在2002年，即他去世的前一年，供认了自己的罪行。然而，十二宫杀手案件仍未结案。如果杀手还在世的话，那么他现在也该是个老人了，我们可以猜测，他还在继续享受玩弄那些害怕他的人。

WANTED

SAN FRANCISCO POLICE DEPARTMENT

0-69 | WANTED FOR MURDER | OCTOBER 18, 1

ORIGINAL DRAWING

AMENDED DRAWING

Supplementing our Bulletin 87-69 ... n has
developed the above amended drawi...

WMA, 35-45 Years, approximately 5... y with
Red Tint, Wears Glasses. Armed w...

Available for comparison: Slugs, ...

ANY INFORMATION:
Inspectors Armstrong & Toschi
Homicide Detail
CASE NO. 696314

THOMAS J. CAHILL
CHIEF OF POLICE

杀手的正面图 主图：1969年10月，保罗·斯丁被杀后，旧金山警局根据目击者的描述而作的凶手画像。嵌图：自首的十二宫杀手用来落款信件的标志。

54 萨莫顿人

未解之谜 在阿德莱德海滩上的男子尸体是谁？他与古代波斯手稿有什么联系？

发生时间 1948年12月1日。

1948 年 11 月 30 日晚，一对夫妇看见一名衣着得体的男子躺在阿德莱德附近的萨莫顿海滩。他们一度看见他抬起胳膊，之后摔倒在地。半小时后，另一对夫妇也看到了他，但此时他一动不动，这对夫妇以为他睡着了。第二天早上，他被确定为死亡，疑似中毒而心脏衰竭。

死者没有携带证明身份的材料，但有一包香烟，奇怪的是，里面装的香烟却是另一个更高档的牌子。在审判中，有人指出他可能是中毒而死，这种毒很可能是洋地黄（digitalis），通过替换的香烟释放毒性，在他死后马上就消散了。

1949 年 4 月，在他裤子的腰包里发现了一小张折叠的纸。上面写着“TamámShud”(“结束了”）——12 世纪波斯文集《鲁拜集》（*The Rubaiyat of Omar Khayyam*）的最后几个字。几个月之后，有个人在他未上锁的车里发现了一份相关版本的复印件，这辆车就停在案发现场附近，时间也很吻合。书是新西兰出版商印刷的，但是那份复印件从何而来无可得知。

书的背面是萨莫顿海滩当地女子杰西卡·汤姆森（Jessica Thomson）的电话号码。她称在 1945 年将《鲁拜集》的复印件给了阿尔弗雷德·博克索尔（Alfred Boxall），破案的希望落空了，因为博克索尔还健健康康地活着，上文提到的书还在他手上。

书上依稀可见的还有五行胡乱写的字母，很明显是一串密码，但还未解开。这种迹象表明死者从事间谍工作，杰西卡·汤姆森的女儿在 2013 年报告说她母亲欺骗了警局，说她知道死者是谁，但她受到了“警察势力之外”的威胁，这更说明了死者从事间谍工作的真实性。

更匪夷所思的是，萨莫顿男子遇害的三年前，一个叫乔治·马歇尔（George Marshall）的人被发现死于悉尼公园。他也带了一份《鲁拜集》的复印件——据说是梅休因出版的第七版，可梅休因只出过五版。至少有两个人临死的时候都带着根本不存在的波斯文印刷版，这难道只是巧合吗？汤姆森太太和其他人也许知道，但没有人会告诉我们。

秘密信息 在找到“萨莫顿人”尸体附近的地方，有一辆未上锁的车，里面有一份被人遗弃的古代波斯人的潦草手稿复印本，这上面的字母让人疑惑不解。

死人面部模型 “萨莫顿人”死后的照片。他是谁？他来自哪里？他在澳大利亚做什么？

55 梅耶林悲剧

未解之谜 是什么导致了哈布斯堡帝国（Habsburg Empire）皇位继承者的神秘死亡？

发生时间 1889年1月30日。

1889 年年初，一个寒冷的日子，有人在维也纳附近的梅耶林狩猎小屋中发现一男一女两具尸体。受害者身份的国际影响很可能使这件事成为一个丑闻：他们是奥地利哈布斯堡帝国的继承人王储鲁道夫（Rudolf）和他 17 岁的情人玛丽·费瑟拉（Mary Vetsera）女男爵。为什么哈布斯堡家族要掩盖这件事呢？

30 岁的鲁道夫是奥地利弗朗兹·约瑟夫大帝一世（Franz Josef Ⅰ）的儿子，他与比利时的斯蒂芬妮（Stephanie）婚姻不幸，众所周知，他与年轻的玛丽有婚外情。1 月 30 日，鲁道夫本打算去打猎，但当他的男仆去叫他时，看到的却是王储和他的情人的尸体。他们死于枪杀，并没有第三方参与的证据。不出几个小时，玛丽的尸体就被清理然后秘密埋葬。狩猎小屋的悲剧走漏风声后，只对外界说王储去世了，原因无外乎心脏病发作，或中毒身亡。关键的目击证人也收了皇室的封口费，绝不透露消息。

最终，不可避免地，两名受害者的消息被走漏了，但仍旧不能断言（至少公开宣称）鲁道夫杀了他的情人。同样，自杀的猜测也被推翻，因为这样的话，鲁道夫不能享受罗马天主教的埋葬仪式。为了保全儿子死后的利益，弗朗兹·约瑟夫向教皇承认儿子是在“精神错乱的情况下”误杀了自己。鲁道夫被葬在家族墓里，梵蒂冈教皇也暗自希望这次调查出些差错。

虽然两人殉情——两人双双自杀（众所周知，鲁道夫是感人泪下的浪漫主义者）——的猜测很是吸引人，但还有其他几个同时存在的解释。有证据显示现场的枪只打出了一发子弹，因此玛丽有可能死于其他的某些原因。鲁道夫是否在争吵中将她打死，然后又因为悔恨而结束自己的生命？她是否有可能死于不正规的流产手术？又或者鲁道夫本身是个无辜的受害者，被国内的敌人杀害（他的父亲如是说），或者死于帝国的邪恶势力？弗朗兹·约瑟夫为了保全家族名誉，毫无疑问选择掩盖真相。现在要从盘根错节的谎言网络中还原真相，希望渺茫。

注定悲惨的爱情 主图：年轻的玛丽·费瑟拉偷走了奥地利王储鲁道夫的心。嵌图：尤金·费利克斯为王储画的像。梅耶林事件依然是令众人困惑不解的谜。

56 神秘的男人——贾斯伯·荷西

未解之谜 19世纪早期，纽伦堡街头出现的神秘少年是谁？
发生时间 1828年。

1828年，贾斯伯·荷西（Kasper Hauser）在德国纽伦堡中心地区游荡，他看起来大约16岁。他自称在一个黑暗的小房间独自长大，除此没人知道他真正的来历。1833年12月17日，他死于被刺杀的伤口感染，引起无数人的思考猜测，他是走丢的贵族、无可救药的幻想者，还是别的什么身份？

贾斯伯到达纽伦堡时，带的其中一封未签名的信上写道，自从1812年起，他就受到写信人的监护，接受了基础的基督教育，一直不被允许离开监护人的房子，现在，这些事都过去了，他想像父亲一样当一个骑兵。第二封信，据说是他母亲写的，上面有他的名字和生日（1812年4月30日）。但两封信的笔迹是相同的，难道这两封信是贾斯伯自己写的？

接下来的几年，他又受到其他人的照顾。起初，人们以为他是被放养在附近森林的，但后来贾斯伯称自己的童年是在一个狭小黑暗的房间度过的，只能偶尔见到一个蒙面的探访者，教他一些基本的技能，包括怎样走路、怎样写自己的名字以及怎样用巴伐利亚语说“我想当一名骑兵，就像我父亲一样”，除此之外，一无所有。鉴于他奇特的背景，他的身世之谜引来众多猜测。还有人说他是被流放的皇室贵族——也许来自巴登贵族，甚至英国或者匈牙利的皇室，但很多人把他看成是一个编造身世的骗子。一个英国贵族斯坦霍普（Stanhope）爵士，对他尤其感兴趣，怀疑贾斯伯与匈牙利有某种联系，但最终判定他的说辞不可信。

1833年12月13日，贾斯伯的左胸上被刺了一刀。他说在附近的花园，有个陌生人袭击了他。从案发现场找到的钱包里有一条神秘的倒写的留言，暗示了袭击者的身份。很快，就有人怀疑伤口是他自己造成的，这份留言也是他自己写的。不管事实如何，四天后，贾斯伯死亡了。他也许是个骗子，或者心理有问题，又或者是个出身高贵的人，贾斯伯本人对自己是谁这件事都不清不楚。他的碑文简洁地概括了他的一生：“死者贾斯伯·荷西，一生是谜。生辰不详，死因不明。1833年。”

来源不明 主图：一座雕塑。表现的是1833年12月13日，弃儿贾斯伯·荷西在纽伦堡街头被不明之人刺杀的场景。嵌图：贾斯伯五年前突然进城时的情景，没人知道他是从什么地方来的。

57 罗伯特·马克斯韦尔遭遇了海难？

未解之谜 是谁或者是什么杀了媒体界大亨？

发生时间 1991年11月5日。

青年时期，扬·霍克（Jan Hoch）逃离了纳粹控制的捷克斯洛伐克后，改名为罗伯特·马克斯韦尔（Robert Maxwell），在英国社会从普通人成为下议院议员，之后打造了媒体帝国。他在驶离加那利群岛时遇害身亡，至此留下许多未能解答的谜题。他疾病缠身，是在病入膏肓之时选择了自杀，还是他的敌人抢先一步要了他的命？

20世纪90年代早期，马克斯韦尔作为《镜报》报业集团的所有者而闻名，他带领即将崩塌的报业走向繁荣。他死后，有人传言他在一次绝望的竞标中，非法占用雇员的退休金来壮大自己的帝国。1991年11月5日，在他生命的最后一天，他在“西斯莱恩小姐号”（Lady Ghislaine）游艇上。夜幕降临时分，他的尸体被发现漂浮在25千米（约15英里）外的海面上。三位检验师对死因各持己见，但法院判定他的死因是心脏病发作和意外溺水。虽然他患有严重的疾病，但很多评论者认为这种官方的说法太牵强。

有人怀疑他选择自杀以避免诈骗指控，虽然没人相信他会胆小到采取此种行动。我们也知道马克斯韦尔正在因为第二次世界大战期间的战争罪行接受调查。作为一个在大屠杀中失去许多家庭成员的犹太人，成了这场战斗中被授勋的英雄。在控告得到验证之前，一切都可能不保。这个理由是否足以令他自杀？

还有人猜测他是被外国特工谋杀了。马克斯韦尔长期做中东集团和以色列的代理，处理复杂的交易，比如军火运输。他掌握着权势人物的把柄。因为面临庭审的威胁，在他出庭做证之前，难道他的国际伙伴先把他灭口了吗？有人相信这种传言，作家戈登·托马斯（Gordon Thomas）和马丁·迪隆（Martin Dillon）称马克斯韦尔是叙利亚的超级间谍。他的经济状况不佳，向耶路撒冷的主顾索要大笔封口费。据说，对方的答复是派遣摩萨德特工谋杀他。

他死后给世人留下了一张交缠错结的密网，他本人和许多与他打交道的人都希望这张网永远不要被打开。

愚人船 主图：年轻的罗伯特·马克斯韦尔在英国媒体界称霸。嵌图：“西斯莱恩小姐号”，马克斯韦尔的精致豪华快艇，他在驶离加那利群岛时身亡。

58 外星人解剖视频

未解之谜 就像它的制片人说的那样，这是一部臭名昭著的虚构电影，还是基于真实素材的纪录片呢?

发生时间 1995年。

对于那些坚信外星人降临地球的人来说，1995年一定是神奇的一年，因为一段实际解剖外星人的视频被放了出来。不相信外星人存在的人对此嗤之以鼻，而信奉者则认为它是1947年罗斯威尔飞碟坠毁传说的有力证明。虽然这部电影后来被证明是一场骗局，但还是有人相信“真实”的影片是存在的。

外星人解剖视频的出现立即引起了轩然大波——以前人们就谈论，1947年，外星人飞船在新墨西哥罗斯威尔坠毁，飞船上的人都被美国政府逮捕。还有人猜测当局展开了全面的解剖实验——而这个视频似乎就是证据。接下来出现了一个17分钟的模糊影像，在黑白相交的影片中，有一个非人类的生物正在被解剖。十亿多人观看了这些画面。有人完全相信这是真实存在的，而很多人仍然高度怀疑。

影片的制作人和宣传者雷·桑蒂利（Ray Santilli）称他在1992年偶然得到了这份资料，那时他去美国买早期摇滚演奏者的影片素材，有一个退休的军事摄影家将保存了40年的22卷影片卖给他。付完现金后，他拿到影片返回英国，剪辑后公之于众。

2006年，桑蒂利承认这部电影实际上是在一个技艺高超的模型制作师的帮助下完成的，里面的素材包括在当地肉市场捡来的动物内脏。但是他否认这部电影是伪造的，而将它称之为“重现”。他说买来的影片画质受到严重损坏。因此，他着手精确地还原影片，其中还保留了一些原本的画面（虽然他无法说出具体是哪些画面）。

对一部分人来说，这件事就此结束了。这部影片完全是伪造的，而罗斯威尔事件也只不过是虚构的。但也有人否认这些说法。桑蒂利的模棱两可也许让许多人不再相信，但也许他说的话是真的呢？更确切地说，如果当局想要转移公众对罗斯威尔以及人类与外星人互动的关注，还有什么比鼓吹这部影片是“骗局”的掩盖方式更有效呢？

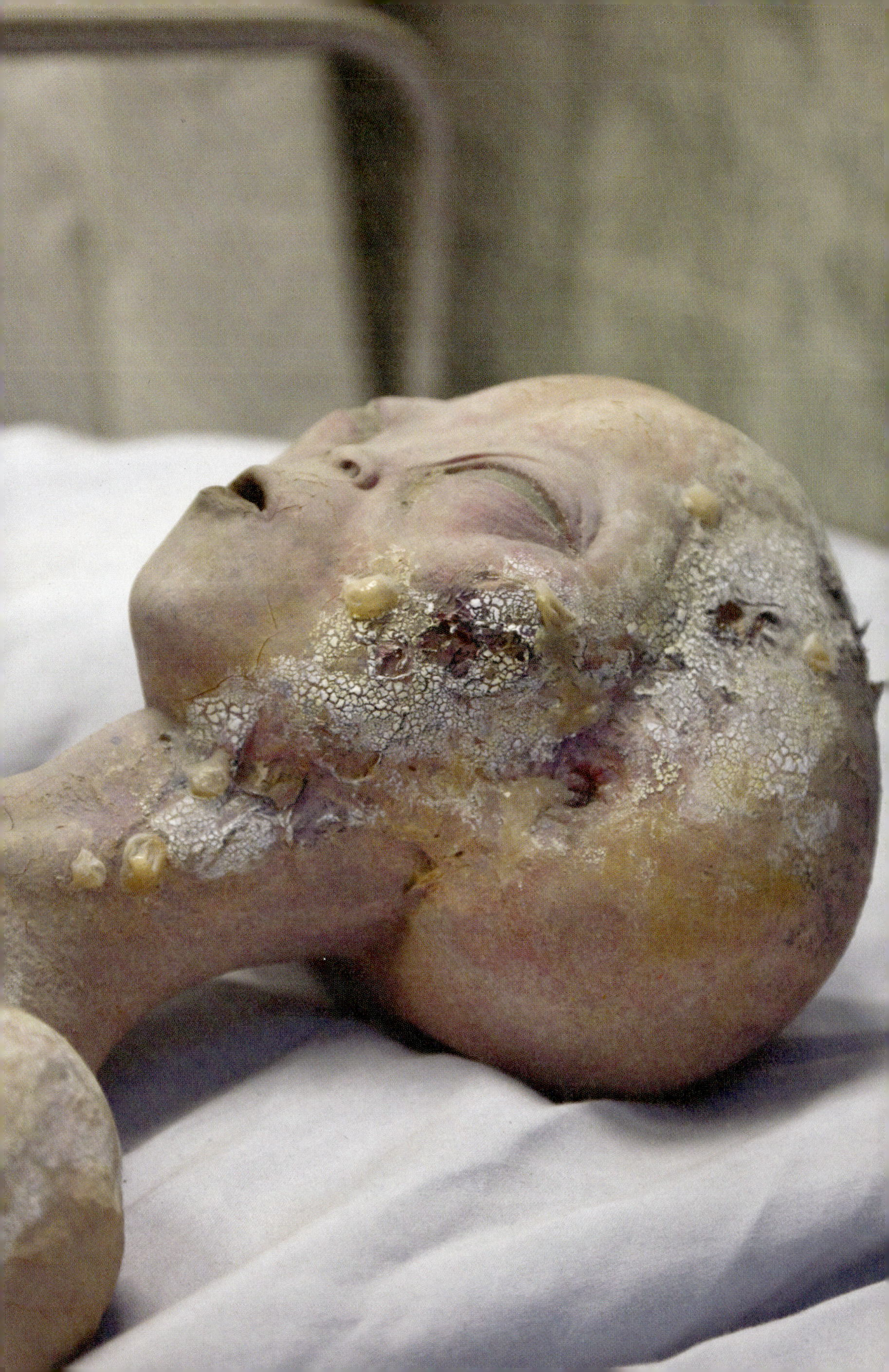

59 玛法之光

未解之谜 得克萨斯西部出现的奇怪发光体是什么?
发生时间 第一次有文字记载的报道是在 1957 年 7 月。

得克萨斯玛法（Marfa）东部几英里外有一片著名的米切尔公寓区。60 年甚至更长的时间以来，此地连续报道有足球大小的物体在空中发出奇特的光。有人解释是外星人发出的光，还有人说是鬼火，或者奇特的地质和空气条件发生作用的结果。其他一些人则认为这是来自附近高速路上的光。

1957 年 7 月的《皇冠》（*Coronet*）杂志首次大量报道了这种光学现象，报道称每年有几十个夜晚都会出现这种光。目击者描述了不同的颜色、位置和运动。这种光有时单独出现，有时成对或者成组出现，大概是一瞬间，偶尔也会持续更长的时间。大家公认的是，人们都看到了某种东西。这并不是集体发疯，这座城市的确有官方建的观景台，专门用来观看这种神秘的光。

据说在 1883 年，一个叫罗伯特 · 里德 · 埃利森（Robert Reed Ellison）的当地农民首次发现了这种光。他和同伴怀疑这是从美国土著人中传来的篝火。而土著人认为这是陨星的残留物。还有很多其他离谱的猜测，比如，它是很早以前西班牙征服者的亡魂。

有些人则更相信常识。当地富含碳氢化合物，所以光很可能是由易燃的甲烷混合着特定天气下的空气形成的（正如沼气具有的功效一样）。这种条件也能产生我们通常熟知的“磷火”或者“鬼火”，一般都在沼泽地出现。

同时，得克萨斯大学的学生进行了大量的研究，发现这种光与 67 路的车头灯运动轨迹相吻合。该地温差极大，能造成“海市蜃楼”的光学幻象。因此，这就让车头灯看起来像漂浮的发光体。这显然是一种简单粗暴的解释，但没人知道它是否属实。说不定它真是征服者挥之不去的亡魂之光。

奇异的光 米切尔公寓，位于得克萨斯玛法东部，玛法之光的称呼就是由此而来的。如果不是因为这种奇异的光学现象，也许这个地方永远不能为世人所知。67 号公路能给我们答案吗？

60 圣哲曼伯爵

未解之谜 震惊欧洲上层社会的神秘之人是谁?
发生时间 18 世纪中期。

18 世纪中期，一个神秘而又充满魅力的人物成为欧洲宫廷一时谈论的话题。他的身世不明，人们只知道他叫圣哲曼（Saint Germain）伯爵，关于他的神秘和传奇事件迅速传开：有人说他能把贱金属变成金子，还有人说他发现了长生的秘诀。那么，这个了不起的人物是谁？他如今是否仍在世？

18 世纪 40 年代，伯爵首次在伦敦成为公众的焦点，他在那里结识了前任首相罗伯特·沃波尔（Robert Walpole）爵士的儿子霍勒斯·沃波尔（Horace Walpole）。霍勒斯在给朋友的信中写道，伯爵是个奇怪的人，他不肯透露真实姓名，也不说是什么时候到的伦敦。霍勒斯说他很“奇怪”“疯狂”，但也是个小提琴演奏能手和小有成就的创作者，他的才能迷倒了威尔士亲王。同时，虽然对伯爵执行间谍任务的指控毫无根据，但他也因此遭到追捕。

警方没有掌握证据就对圣哲曼伯爵展开调查，难怪他逃离了伦敦，几年之后又出现在巴黎，让路易十五掌权的凡尔赛宫廷大为震惊。国王任命他进行一系列见不得光的“外交使命”，还在装备极其奢华的实验室研究纤维染料，据他所说，这种东西能为这个国家带来巨大的财富。

在巴黎的许多上层人士聚会中，他成了著名的人物，因巧舌如簧和卓越智慧而驰名。他能讲多种语言，历史知识渊博。他还经常将珠宝赠给熟人——对于这个没有稳定收入的人来说，是个费钱的娱乐消遣。有许多谣言称他能将一把小石头变成璀璨的珠宝。还有很多人说（很多都是出自他本人之口）伯爵的年纪惊人，他是以世纪而非年为单位计算岁数的。

他的身世之谜更加增添了他的神秘。有关他的身世，我们也只能提供不确切的答案。圣哲曼有时候称自己是特兰西瓦尼亚（Transylvanian）王子，弗朗西斯二世·拉克兹（Rákóczi）的儿子。根据他的讲述，他应该出生于 17 世纪末，这就意味着他在欧洲游荡时的真实年龄是 60 岁或 70 岁，而非人们所认为的 40 多岁。也许这不可能，人们很难相信这种说法。但是，相比以下这种传言，这

智者 在18世纪中期的法国社会，圣哲曼是个非常受欢迎的人，据说他准确地预言了法国大革命时期国王路易十六及其妻子的悲惨命运。

算令人信服的了，因为有人称他在耶稣在世的时代就已经存在了，并且还参加了公元325年举行的尼西亚会议。

圣哲曼后来到了俄罗斯，参与帮助凯瑟琳大帝夺取王位。在去俄罗斯的路上，他偶遇了一些伟大的人，他们对他看法迥异。比如，贾科莫·卡萨诺瓦（Giacomo Casanova）认为他是“值得称道的博学的骗子”；而伟大的启蒙哲学家伏尔泰则称他是“奇人”；还开玩笑地说他是“一个无所不知的永生的人”。

路易十六和玛丽·安托瓦内特（Marie Antoinette）被送上断头台的前几年，圣哲曼就警告过他们，说他们即将落入革命者之手。18世纪80年代他到了德国，和黑塞－卡塞尔（Hesse-Cassel）的查尔斯王储成为朋友。后来，他住进了王储的城堡，并说服王储给他添置了另一个实验室让他开展当代传奇实验。他显然是在设定的情况下，于1784年2月底去世的。

我们用“显然”来形容他的死亡是因为，后来又有报道称，第二年有人看到催眠师先驱安东·梅斯梅尔（Anton Mesmer）和他在一起，而且法裔阿代马尔（Adhémar）女伯爵称在1820年还和他讲过话。还有人指出在更往后的时间里遇到过他。通神协会（Theosophical Society）的成员尤其肯定地说他是19世纪后期该协会的成员之一。最近的一次是在1972年，有一个人在法国的电视节目上想用点铅成金证明自己就是圣哲曼伯爵。

因此，圣哲曼是一个强大的精神大师吗？或者他是一个懂炼金术的巫师？有些人甚至猜测他是一个穿越时空的人，因为他跨越了漫长的历史，拥有卓越的学识。批评者则认为他不过是个招摇撞骗的骗子，一个懂得吸引观众注意的魅力人物，在合适的场合讲故事，在其他时候则保持沉默。他的死（真假未知）让他的身份和真相成了一个谜。

61 弹簧腿杰克

未解之谜 席卷英国城镇的鬼魅杀手是谁?

发生时间 1838年首次被报道。

这是一连串噩梦：一个披着斗篷、拥有某些非人类特征的东西突然对无辜的人们发起不同程度的袭击，之后便逃之夭夭。19 世纪，有关邪恶弹簧腿杰克的故事首先出现在伦敦，之后传遍全国。公众想知道，这到底是恶作剧呢，还是说真相并没有那么诡异?

1838 年初，传奇杰克低调登场。伦敦市长约翰 · 科恩（John Cowan）爵士宣布，他收到了一封署名为“一个毕克汉（Peckham）居民”的信件，信上写道，他觉得一些上流阶层的人和他打了一个危险的赌，这个赌鼓励他去做一些旨在恐吓伦敦及周边市民的行为。他要以鬼、熊以及魔鬼这三种不同的身份现身，来大肆施暴。

写信者还说道，他已经吓得几名女子发了疯。此外，有关揭露罪犯身份的故事被掩盖了。市长发话之后的几天，有无数奇怪事件的报告，“恶作剧”的报道也接踵而至，似乎都在佐证这位“毕克汉居民”的说法。

例如，一个做服务工作的女孩玛丽 · 史蒂文斯（Mary Stevens），去年 10 月经过克来芬公园时，一个奇怪的身影自暗巷里扑面而来。他上前抓住她，用冰冷的爪子撕开她的衣服，这女孩大声尖叫，当地居民闻声赶来救她。没过多久，一个可怕的东西跳到马车通行道上，使得经过的马车人仰马翻，而出事的地点正好在史蒂文斯遇到袭击的地方。这个搞完恶作剧的人跳上三米高墙的安全地带，发出恶魔般的笑声，扬长而去。

直到 1838 年 3 月，媒体戏谑地将此名袭击者称为弹簧腿杰克。4 月，有报道称在海滨城镇布莱顿附近做园艺的一名园丁遭到袭击。之后，这类袭击事件接二连三地发生，又有报道称两名女子受到袭击，她们是露西 · 斯卡尔斯（Lucy Scales）和简 · 奥尔索普（Jane Alsop）。奥尔索普在家里给一位自称是警察的男子开门。这名男子要求奥尔索普跟在他后面，突然男子转身从嘴里喷出蓝色和白色的火焰。奥尔索普说他的眼睛像“红色的火球”，还用金属一样的爪子抓她。她大声喊叫，在妹

MYSTER
F MYSTERIES

乔装的恶魔 有关弹簧腿杰克不可思议的传说和奇怪的行为很快就引发了公众的想象，不久，他就被融入大众文化，此时事实与传说已经混为一体了。

妹的搭救下，急速逃脱，可她脖子和手臂上还是留下了一些可怕的伤口和擦伤。

也是在那段时间，斯卡尔斯正和姐姐在伦敦东区散步。突然一个穿着披风的人从她面前跳出来。正如奥尔索普所说，他从嘴里吐出“蓝色的火焰”。斯卡尔斯小姐顿时陷入了几个小时的昏迷状态。那是一个又高又瘦、面容可憎的人，通常穿着一件斗篷，专门发起怀有恶意的袭击，让受害者极度痛苦。他的弹跳能力超过常人，逃脱方法通常是跳墙或栅栏，甚至翻越屋顶。

接下来的几年，在德文郡、黑乡等广大地区不断涌现有关袭击的报道。大家普遍接受的最新的一次报道是在 1904 年的利物浦。直到那时，弹簧腿杰克已经成为一种民间传说，经常被父母用来恐吓不听话的小孩。

真相是什么？恶魔的化身真的去了维多利亚女王时期的英国吗？这是不是一个吓唬普通百姓的都市传说呢？这起不愉快的恶作剧会不会起因于一群放荡的年轻贵族？他们动用足够的人脉掩盖了自己的真实身份。虽然没有确凿的证据，但人们一直都怀疑弹簧腿杰克就是臭名昭著的沃特福德（Waterford）侯爵。

无论这个杰克是一个神话、恶作剧者，还是可恨的罪犯，都无法阻止人们的想象并引起真实的恐慌。就拿约瑟夫·达比（Joseph Darby）的例子来说，这个不幸的西米德兰兹酒馆老板在 19 世纪 70 年代的一个晚上被警察包围，喧闹的人群确信他们终于抓到了弹簧腿杰克。约瑟夫是个天赋异禀的弹跳好手，在如今久已结束的一项弹跳运动中获得过世界冠军。他到当地的一个运河，戴着矿工的帽子和头灯，利用晚上的时间进行弹跳练习。结果，眼神犀利的当地人发现了他，并认为他就是魔鬼的化身，是那个一直以来恐吓维多利亚时期的英国百姓的人。

62 井中吸血怪

未解之谜 是哪种残暴的物种肆虐了牲畜，造成嗜血的屠杀？

发生时间 首次报道于1995年。

1995年，有消息传波多黎各的羊群神秘地大量死亡。据报道，这些动物的胸部都被刺穿，血也被吸干。美国和南美洲各地也有过许多类似案例。这是大众熟知的吸血怪 El Chupacabra 的“杰作”吗？

“El Chupacabra”（这是一个西班牙词语，意思是“山羊吸血怪”）听起来像是20世纪80年代的恐怖片，但这种传说中的生物起源可以追溯到1995年3月，当时在波多黎各发现八只死羊。几月之内，这个小怪物就被认为是屠杀了岛上成百上千只牲畜的罪魁祸首。起初，有人怀疑这是邪恶的宗教在作怪，但很快就有人亲眼看到了真正的凶手。不久，北美洲和南美洲都传来同样的报道，甚至遥远的中国都有类似的报道。

那些自称见过吸血怪的人都说，那是一个又矮又壮的生物，长着熊一样的脑袋，背部有脊椎。它的外表像爬行动物，有鳞有皮革，大约1.2米高（约4英尺），像袋鼠一样以后腿或臀部站立。说委婉一点儿，它不是这个世界的生物。

最初的报道很快四处传播，故事也有了新的版本。甚至还配上了这个杀戮魔头的照片和视频。但这些证据很快就被推翻了，因为这都是很典型的动物，比如患有疥癣的浣熊、野狗、草原狼或者狐狸。在这种情况下，这些动物的毛发都已脱落，看上去像是“异世界”的生物。还有人指出最初的目击报道受到了（也许是无意识）同年上映的科幻恐怖电影《异种》里的生物西尔（Sil）的影响。

虽然现在美国和南亚不存在成群的吸食家畜血液的生物，但之前发生的动物被吸干血的案件还未得到解答。是得了皮肤病的疯狗还是没人愿意承认的遗传变异物种在作祟？吸血怪这种说法是很可笑，但也许里面隐藏着不为人知的真相呢？

肉食者 吸血怪 El Chupacabra 在 20 世纪 90 年代中期走进公众视野，它在波多黎各周围制造了大量的家畜屠杀案。对恐怖故事如饥似渴的媒体是否将普通的食肉动物强行塑造成了怪物？

63 穿黑衣的那些人是谁？

未解之谜 穿黑衣的那些人是谁？他们想干什么？

发生时间 自 20 世纪 40 年代以来。

威尔·史密斯（Will Smith）和汤米·李·琼斯（Tommy Lee Jones）的演出让电影《黑衣人》（*Men in Black*）大获成功，他们塑造了很酷的黑衣人形象。但在之前，一说到 MIB（黑衣人），人们可能就会产生不安的感觉。自 20 世纪 40 年代晚期，就有谣言说黑衣人威胁那些公开谈论不明飞行物的人。但如果他们真的存在，那他们是谁？

据目击者透露，黑衣人身着黑色西装，经常戴着墨镜，令人生畏。有人怀疑他们会让那些胆大妄为的人直接闭嘴。据那些自称遇见过黑衣人的人说，黑衣人的主要任务就是阻止不明飞行物的目击者对此现象进行深入调查。

黑衣人由谁领导的问题引来大量猜测。有些回答就很简单：他们是掩饰外星人着陆的政府特工，其他人则猜想我们是在和一个不同的组织打交道——这个组织比国家政府的势力更大。还有人甚至猜测黑衣人本身就是外星人，阻止人类妨碍他们的星际事务。

最早有关黑衣人的报道约在 1947 年。那年，华盛顿州的海港巡逻员哈罗德·达尔（Harold Dahl）说，在普吉湾的莫里岛报道“UFO 坠毁”之后，有人造访过他。同时，1953 年，康涅狄格居民、国际飞碟局创始人阿尔伯特·本德（Albert Bender）说三个黑衣人恐吓他停止调查（并禁止出版相关杂志）。

批评者表示，本德因为经济损失而放弃调查，这完全是为掩盖事实而捏造的谎言，本德的朋友暗示黑衣人可能与白宫或特勤处有关联。但是，本德自己却采取了不一样的行动，他撰写了一本书，里面写道，黑衣人事实上是超自然物种。

此时，黑衣人已经成为主流文化的一部分，通常被人们描述成两三个开着凯迪拉克等时尚轿车的人。根据目击者的描述，他们的行为有时极其古怪，有时又来势汹汹，目的就是不让人接近 UFO 的真相。有人认为漫画书并没有增加 UFO 活动的可信度。当然，还有很多批评者认为黑衣人就是一个虚构的事物，就像满是 UFO 的天空，以及在暗中操控我们星球的小绿人，这些都不过是想象而已。

然而，或许黑衣人真的存在——只是有些

主流英雄 电影《黑衣人》风靡全球，缓和了黑衣人带给大众的畏惧。但电影是否掩盖了更黑暗的真相？

人不想让你相信。越来越多的人认为黑衣人的传说是华盛顿政府几十年来操控的复杂欺骗网的一部分。据说，政府的真实目的并不是说服 UFO 学家停止正在进行的调查，而是创造另一个 UFO 民间传说。争议者指出了政府真的有不可告人的秘密，还称政府鼓励更多的人相信外星人和飞碟，这样才能更好地将注意力从目击 UFO 的“真相”（比如先进武器和国防技术的测试）中转移出来。

想想理查德·多蒂（Richard Doty）的证词，他称自己是美国空军特别调查官，在 20 世纪 70 年代到 80 年代被指控与 UFO 兄弟会秘密勾结。多蒂称自己受到保罗·贝内维茨（Paul Bennewitz）一案的牵连，保罗是新墨西哥技术实业家、UFO 的狂热追随者，他与其他人亲眼见证了夜空中不计其数的光点。贝内维茨深信外星人来到了地球，一种邪恶的物种正在新墨西哥的道斯基地行动，它们与白宫合作，拿人类做实验，开展心智控制研究。越来越多的人认为这是无稽之谈，贝内维茨的心理健康急转直下。人们普遍认为这是一个针对贝内维茨的阴谋，给他提供错误信息，让他怀疑自己。还有人说，以此来转移对科特兰空军基地秘密活动的关注，也许才是空中亮光的真正作用。因此，黑衣人也许不仅仅出现在漫画书或者电影里——他们的目标可并不像表面看上去的那样明显。

64 少女默茜·布朗之谜

未解之谜 维多利亚时期的新英格兰出现了一个吸血鬼吗？

发生时间 1892年3月17日。

这个场景读起来像是布拉姆·斯托克（Bram Stoker）写的小说。19世纪晚期，在罗德岛的墓地里，一个年轻女子的棺材被人打开了。那些在场的人感到十分惊讶，因为这具埋葬了两个月的尸体竟完好无损。他们便断定这个名叫布朗的女孩是个吸血鬼，并正在吸食她哥哥的血液。但真相到底是什么呢？

如果一切照正常发展的话，今人很可能对罗德岛布朗一家一无所知。乔治·布朗（George Brown）和玛丽·布朗（Mary Brown）是一对普通的中产阶级夫妇，他们在19世纪70年代，带着年幼的子女搬来了埃克塞特小镇。但是19世纪80年代，悲剧在他们身上接连发生。首先是玛丽得了结核病（也称痨病），由于病情快速恶化，她死了。这种可怕的疾病在那个时代夺去了很多人的生命。

同样的厄运也降临到了大女儿玛丽·奥莉夫（Mary Olive）的头上，她死于1888年。两年后，儿子埃德温（Edwin）也患了同样的疾病。然而，尽管如此，他长期与病魔做着艰苦的斗争。实际上，在他与病魔斗争的时候，他的妹妹默茜（Mercy）也染上了此病，并于1892年1月去世。眼看残酷的疾病夺去了家人的性命，乔治·布朗自然无论如何都要挽救儿子的生命。

虽然新英格兰是19世纪末世界上文明最发达的地方，但自17世纪萨勒姆女巫审判（Salem Witch Trials）事件之后，这里就长期流传着迷信。由于对结核病缺乏了解，它的症状——包括体重严重下降——有时被认为是某种邪恶力量吸食受害者的标志。由于布朗一家遭受了更多令人心痛的事故，有人指出，他们家或许有邪恶之灵。

因此乔治·布朗同意在3月份将妻子及两个女儿的棺材打开。先打开的是玛丽和玛丽·奥莉夫的棺材，呈现的是正常的尸体腐烂。但是默茜的尸体却完好无损。其肉身被保存得很好，她的头发和指甲似乎还在生长。尸体里还有流动的血液。此外，还有人推测找到尸体的地方和两个月前下葬的地方不一样。另外，几个当地人还称他们见过默茜的灵魂在墓地里游走。

默茜因此被人认为是吸人性命的吸血鬼，

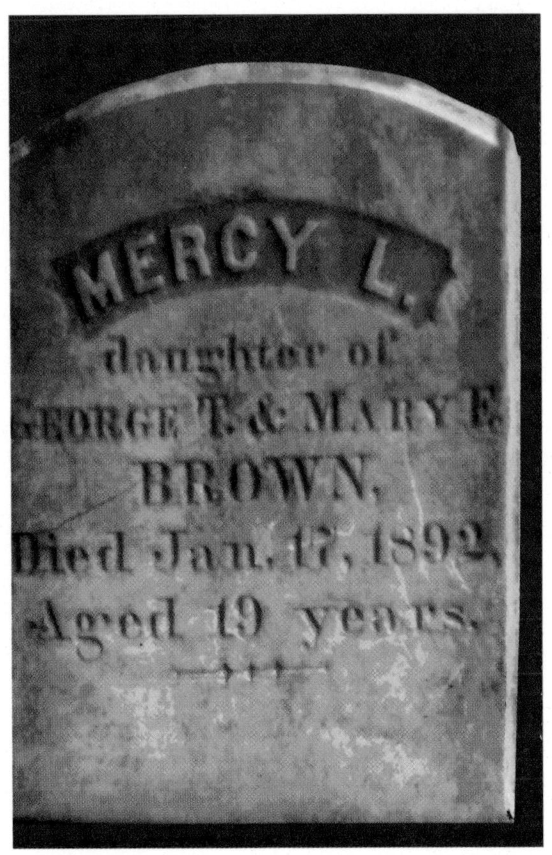

基督徒默茜 前页图：新英格兰埃克塞特浸信会教堂，挖掘默茜 · 布朗尸体的地方。上图：该女子的墓碑，有人说她是吸血鬼。

人们马上掏出了她的心脏，在石头上燃烧。更离奇的是，燃烧后的灰烬被混在某种汤药中喂给埃德温。毫无疑问，这在现代人眼中，当然是没有任何作用的，不出两个月，埃德温也死了。难道乔治 · 布朗生育了一个魔女？她以死伪装吸掉了家人的性命？这是许多人妄自下的结论。即便今天，还有人将默茜 · 布朗当成吸血鬼真实存在的证据，以此说明吸血鬼并不仅仅是民间传说。

当然，他们描述的尸体特征很怪异。但是，科学可以解释这些奇怪的特征。她死时正值深冬，霜冻的地面无法掘墓，所以她的尸体就被暂时保存在地窖中，等待日后埋葬。实际上，这就相当于放在冷藏室，所以她的肉身才得以完善地保存。

至于血液，很可能是她心脏和肝脏里淤积的血块，后来又融解变成液体。然后，我们再来看生长的头发和指甲，虽然这几乎不可能。人死后，细胞脱水，导致皮肤缩水紧致，这让头发和指甲看起来比生前更突出。他们说的尸体移动又是怎么回事呢？有可靠的报道称，未添加防腐剂的尸体在尸解的早期阶段能坐立、震颤，甚至发出呜咽声。

因此默茜 · 布朗是邪灵吗？那只是某些人想让你这样认为而已，而且也没有实际的证据来推翻这种说法。但默茜 · 布朗本身的确是个受害者。首先是遭遇家庭悲剧，然后又是被无情的疾病夺去了年轻的生命，最后又深陷迷信和诋毁。不管是什么导致默茜 · 布朗的尸体不腐，她理应受到人们的同情，而非怀疑和厌恶。

64 飞蛾人

未解之谜 西弗吉尼亚那些有关红眼长翼巨人的报道真相是什么？

发生时间 1966年11月至1967年12月。

飞蛾人在书中和银幕上赢得了传奇的地位。在连续12个月里，西弗吉尼亚都有一系列目击报道，这个都市传说因此有了根基。这是大众的恐慌症还是一个极端的恶作剧？或者真有某种不明物种，它的出现预示着即将到来的厄运？

这个传说开始于1966年11月12日的西弗吉尼亚州克伦德宁（Clendenin）镇，一队挖掘墓地的工人报告说见到一个外貌似人、长着翅膀的东西从树上飞出来，越过他们的头顶。三天后，梅森县附近城市波因特·普莱森特（Point Pleasant）的两对夫妇向警方报告，说他们开车经过第二次世界大战军需工厂附近的时候，看到了一个巨大的、白色的魔鬼般生物，翅膀有好几米长，一双眼睛发着红光。

接下来的几周，更多的目击报道席卷而来。有些无疑是谎言。例如，一帮建筑工人承认将红色的手电筒系在氢气球上，恐吓路人。但很多报道都是真实的——这种困惑可以用一家当地报纸的标题来概括："夫妇们看见人那么大的鸟……生物……某种东西。"

1967年12月15日，在俄亥俄州，波因特·普莱森特和加利波利斯（ Galipolis ）之间的俄亥俄河上的吊桥塌了，造成46人死亡。悲剧之后，有关飞蛾人的报道一度消亡，虽然桥体崩塌是金属老化所致的，但有些当地人将这场事故与飞蛾人联系到一起。有些人认为是这些奇怪的飞蛾人的过错，而其他人则表示这是厄运来临前的预兆。

如今，波因特·普莱森特成为飞蛾人博物馆的家乡，每年都有庆祝活动——该传说是这个城市的大生意。有人怀疑这可能是经济衰退时当地人编造出来的，官方指出，在最初的目击事件中，人们只是看到了巨大的苍鹭、鹤或者猫头鹰。而其他人则认为是超自然物种或者在逃的变异动物，也许和以前的兵工厂有关——20世纪60年代后期的西弗吉尼亚有某种东西跑了出来。也许这是当地人想象出来的，但也许是更为邪恶的东西。

66 “飞翔荷兰人号”

未解之谜　“飞翔荷兰人号”永不停靠的传奇背后真相是什么？

发生时间　自17世纪以来。

“飞翔荷兰人号”的传奇之处就在于这艘幽灵船永不停止地在大海中航行，难道不是吗？古老的水手心中都有一个神话，既让人感兴趣，又让人害怕。但这个故事有没有可能基于事实呢？如果纯粹是虚构的，那为什么一直到20世纪都还有关于这艘船航行的报道？

“飞翔荷兰人号”的故事已经变得声名远扬，成了“鬼船”的代名词。有关这个故事的最早记述，可以追溯到18世纪末，“飞翔荷兰人号”并不是某种特殊船只的名字，而是指17世纪下半叶一艘由船长菲利普·范德邓肯（Phillip Vanderdecken）掌舵的荷兰军舰，在非洲好望角遭遇风暴而沉船。不久，回到欧洲的水手称，他们见过这艘如鬼魅般在大海风浪中前行的船只和船员。怀疑者称这些目击者是受到了光学错觉的影响，或者因长期在危机四伏的海上漂泊导致神志不清。换句话说，就是集体神经质。

即便受到怀疑，有关“飞翔荷兰人号”的新目击报道仍旧持续了几十年甚至几百年。有时，这艘轮船似乎正向目击报告的船靠近，眼看快碰撞的时候，就消失不见了。也许最可信的是在1881年，英国巡洋舰（“巴坎堤号”）的几名船员见过这艘传说中的船。这份证据尤其受到重视，因为其中的目击者之一是威尔士亲王（也就是后来的乔治五世）。40年后，另一艘英国巡洋舰船员也记录了目睹这艘船的事实。第二次世界大战期间，在该区域活动频繁的英德船只也多次报告说见过这艘船。

当然，除了小说和电影里面的场景，一艘载着鬼魅船员，且永不停止航行的轮船很难让人相信是真的。可是，300多年来，一直都有人声称见过“飞翔荷兰人号”。这是一场精心设计的谎言吗？或者他们都受到一种奇怪的错乱情绪的影响？如果我们接纳了这些目击者的说法，他们当中的许多人长年在海上生存，练就了坚强的性格，看到了异于常态的东西，那么对于这个东西，为什么没有一个人能给出令人满意的解释呢？

67 克拉雷思岛 UFO 波

未解之谜 不明飞行物是否袭击了巴西一座城市的民众?

发生时间 1977 年。

1977 年底，在巴西帕拉（Pará）州北部城市克拉雷思（Colares）不断有报道说发现不明飞行物。有人称发生了几十甚至几百起事件，目击者还报道了随之而来的受伤事件，包括血案。据说巴西空军投入行动，维持秩序。他们找到外星人袭击的证据了吗?

许多目击报道都提供了相同的描述：在大多数情况下，发光的某个物体（或多个物体）在低空飞行，亮光引起了不同的身体症状，从眩晕、颤抖到外伤。这些伤口还伴有相应的血液流失，这些物体因此被戏称为吸血怪。由于市民的恐慌情绪迅速蔓延，当地市长求助空军，希望恢复这个困乱之城的秩序。UFO 的研究者说最后的干预被称为“飞碟行动”（Opera o Prato），一直持续到 1978 年。在持续的几个月内，空军人员搜集了这种奇特现象的画面证据，同时恢复了该地区的平静。目击事件的数量逐渐下降，该行动也在不知不觉中结束了。

20 世纪 90 年代晚期，一位自称参加过飞碟行动的高官接受了研究者们的采访，他介绍了这次行动的方方面面。不出三个月，他就上吊自杀了。虽然他被采访的内容并没有什么启发意义，可他的去世仍然不可避免地引来评论者的猜疑，是否有人刻意要确保他今后无法开口?

那些自称遇到过 UFO 的人还在继续争辩，这些不速之客是否意在伤害地球上的人类，或者只是进行信息搜集练习。其他人则表示这是人们陷入原因不明的群体恐慌情绪造成的。又或者，UFO 只是地球上科技创新的产物，政府正在对它进行测试而不想公开谈论? 由于巴西空军迟迟未公开这件事的档案（有人说足足有几百页），因此，人们还将持续猜测：克拉雷思到底发生了什么?

接触外星人？ 上图是对克拉雷思岛上所谓的接触外星人事件的当代目击描述。确实发生了超自然现象，或者这只是当地人集体歇斯底里的结果？

外星人入侵？ 克拉雷思岛位于巴西帕拉州旁的水域中。地外生物接触的相关报道传播没多久就销声匿迹了。

68 博德明沼泽的野兽？

未解之谜 是否有一只大型猫科动物（或者猫科动物的一种）在英格兰西南部的荒野出没？

发生时间 首次目击报道发生于 1983 年。

自 1983 年以来，在英国西部地区至少有 60 起有关大型猫科动物的目击报道，它们并非不列颠诸岛本土的动物。目击者通常称此类猫科动物身长在 90~150 厘米（3~5 英尺）之间，长着白色或黄色的眼睛。官方的说法否认了该生物的存在，但是越来越多的证据表明确实出现了某种动物。

虽然许多目击事件都集中于康沃尔的博德明（Bodmin）沼泽地，但在相邻的德文郡以及许多其他乡村地区也有发现。有时，目击者还拍摄了图片和视频，就算这些材料不具决定性，也有很强的说服性。最好的证据是 1998 年的一部视频，显示了一只像豹子一样的巨大黑色生物。农夫还宣称家禽不明原因地缺肢断腿，直到 20 世纪 90 年代，才拥有足够的旁证使当地议员推动正式的调查。农业、渔业和食品部在 1995 年报告了它们的发现，认为并没有确凿的证据证明大型猫科动物的存在。此外，家禽受到的袭击归因于某种当地的物种。但对于那些深信政府部门出了差错的人来说，还有些许希望——因为官方承认它们的调查并非决定性地否认“大型猫科动物”的存在。

报道发表后不久，似乎这个谜底就要被成功地揭开了，当时一位少年却在河边散步时发现了一个动物的头骨。自然博物馆确信这来自一只幼豹，眼看一切就要水落石出了，结果发现这个头骨也许是进口的豹纹毯上遗落的。

野兽怀疑论者指出，当地的环境根本不适合此种动物的繁殖生长。而反对者则指出这种动物或许是从马戏团或主人家逃出来的。一个缺乏相关手续的主人当然不会将这笔损失报告给政府。还有人指出这是英国本土的返祖动物，只不过人们以为此类动物早就灭绝了。为了减轻大众的恐惧，政府有充分的理由希望这个故事不过是个传说。但随着博德明沼泽地的报道日益增多，更多人猜测真相还远未浮出水面。

动物出没的画面 这幅画记录了在德比郡（离康沃尔几百英里）的目击报道。事实上，英国全国上下都有类似的目击报道——如果这些动物在野外不受控制，那么它们的出没范围将远远超出博德明。

69 明尼苏达冰冻人

未解之谜 自20世纪60年代起，一个美国杂技团的新把戏是否真的展示了人类进化史上丢失的一环?

发生时间 1968年。

20世纪60年代末，一位名叫弗朗克·汉森（Frank Hansen）的明尼苏达农民带着马戏团在全国的展览会上巡演，向大家展示了一个保存在冰块里的多毛类人猿生物。经两位隐生动物学家（专门研究还未发现的动物）鉴定，这是一种先前未知的人类物种，从公众视野消失达几十年之久了。因此，这个冰冻人到底是个骗局还是进化发展史上的关键一环?

汉森说他在亚利桑那州展览会工作时，一个神秘的加州百万富翁告诉他，在一次出国旅行中，富翁买了一个奇怪的类似人猿的生物，很像大脚毛人。他现在希望向公众展示这个生物，看是否有观众知道它。由于被汉森的表演技巧打动，这位富翁提出借给他展览两年。汉森很乐意地答应了，并接管了这个1.8米（约6英尺）高的奇物。

1968年，两名隐生动物学家伊凡·桑德森和伯纳德·霍伊维尔曼听说了汉森的类猿人，当时他们正在追踪大脚怪。在一次私密探访后，他们相信这是一种非凡的动物。不久，他们两人便发表了论文，霍伊维尔曼称这是一种新的人类物种，叫作*Homo pongoides*。来自华盛顿特区史密森学会的主流灵长类动物学家约翰·纳皮尔也参与其中，但他很快就下定论称这个明尼苏达冰冻人是个粗糙的胶乳模型，也从来不存在人类进化“缺失的一环”。

汉森解释道，他由于担心这个生物在运输过程中遭到损坏，就照原版制作了一个模型，而纳皮尔检查的就是这个“制造出来的模型”。公共宣传使这个加州富翁蒙羞，同时，他也警觉到此事日益增长的热度，强烈要求让冰冻人从公众视野中消失。而且，如果发现该生物与人类有联系，那么这件事情就会变得更加扑朔迷离，因为捕获它的人可能面临严重的罪行指控。

这个冰冻人不只是一件向众人展示的作品? 如果真是这样，那么合法的科学团体是否被剥夺了研究这份有关我们起源的关键证据的权利? 神秘的加州人从未公开过他的身份，如今汉森也去世了，我们永远也无法得知。然而，2013年，一个据说是冰冻人的展品被出售，如今正在得克萨斯州的奥斯汀展出。

巡回展览 弗朗克·汉森就是用上图的货车将明尼苏达冰冻人运往全国各地的。他通过在游园会上展示这个新奇的玩物，挣了不少钱。

拼图最后一块 约翰·纳皮尔是一位来自华盛顿史密森学会的灵长类动物专家，他为这种生物作了一幅画。他不相信这种生物代表了人类进化史上“缺失的一环”。

70 刘易斯·卡罗尔丢失的日记

未解之谜 作家丢失的日记条目里写了什么？

发生时间 1864年6月。

刘易斯·卡罗尔（Lewis Carroll）是名著《爱丽丝梦游仙境》和《镜中世界》的作者。评论者和传记作家怀疑他的创作灵感来源于他在真实生活中与爱丽丝·利德尔（Alice Liddell）的关系。有人指出关键的线索就在他的日记中，但是包含线索的那几页在他去世后，就被撕毁了。然而最近有证据说明，这几页记载了他截然不同的秘密。

刘易斯·卡罗尔（1832—1898）是牛津数学家查尔斯·路特维奇·道奇森牧师的笔名。《爱丽丝梦游仙境》出版于1865年，这部作品使他成为社会名人，但自从20世纪30年代起，他对爱丽丝·利德尔的行为引发了人们的猜疑。

爱丽丝是亨利·利德尔和罗瑞娜·利德尔的女儿，自1855年以来，夫妇两人便是道奇森的朋友。1862年7月，道奇森带着他们的三个女儿（其中有10岁大的爱丽丝）划船，还给她们讲了一个故事，这个故事后来成为他的名作。道奇森和利德尔的关系一直很亲密，直到1864年6月，两人发生了激烈的争执。之后人们更加关注道奇森和爱丽丝之间的关系。他是早期拍孩子裸照和半裸照的拥护者，这一点对他非常不利。6岁大的爱丽丝穿着露肩裙的那张臭名昭著的照片对他来说也是如此。

当发现日记被撕了10页左右后，人们更认为他有事相瞒。1969年，该日记本被捐到大英博物馆，有可能在此之前，日记本就被撕掉了几页。很显然，道奇森的侄女怀奥莱特处理了日记中描写他与利德尔争执的部分。虽然很多人认为爱丽丝是这场冲突的中心，但最近发现了一份怀奥莱特总结缺失日记的笔记，上面显示有关道奇森和爱丽丝的姐姐艾娜的谣言困扰着罗瑞娜·利德尔。

1863年6月，艾娜14岁。那时，女孩子12岁就可以嫁人了，因此，如果道奇森对她有爱慕之意，那也不违法。可是，道奇森30多岁，就像现在一样，这种年龄差距在当时也是会惹来非议的。可是我们也并不完全确定道奇森在追求她。没有道奇森的第一手资料，我们仅有的二手资料留下了太多令人不解的问题。

纯洁之画？ 爱丽丝·利德尔在画中是一个乞讨的女孩。卡罗尔的爱好真如其支持者所说的那样纯真吗？又或者这暗示了他性格中不可告人的一面？

71 “棉兰号”的命运

未解之谜 一艘荷兰货船上的船员全部死亡，他们遭遇了什么？

发生时间 1947年或1948年。

1952年，美国海岸警卫队出版了一本书，书中详细地描述了“棉兰号”（the SS Ourang Medan）奇怪而又恐怖的命运。据报道，几年前有人发现这艘船漂浮在太平洋和印度洋交汇的地方，全部船员都遭遇了可怕的结局。但没人能确认船上到底发生了什么，还有人认为整个故事完全是虚构的。

情况的基本事实如下。1947年下半年或1948年上半年的某个时候，有人在“棉兰号”上用摩斯电码发出了求救信息。求救信息写道“包括船长在内的所有指挥官都横尸于海图室和桥上。几乎所有船员都命丧黄泉了。”后面便是几篇难以理解的文字，结尾的话“我死了”，最令人觉得可怕。

当时，这艘船正在马六甲海峡航行。美国“银星号”轮船收到了求救信号，数小时内，就找到了“棉兰号”的位置，并上了船。“银星号”的船员看到了一个可怕的场景：船上的人都死了，面部扭曲，露出恐怖的神情。有些受害者的手臂张开，像是指向某处或者要抓什么东西，但没有证据证明这是一场犯罪谋杀。然后船舱里起了大火，美国人不得不回到“银星号”。在船上，他们看着这艘“死亡之船”爆炸下沉，从此再也无法了解到底发生了什么。

四年后，目击者才把这个故事写成书，随后在船只登记记录中并没有找到“棉兰号”的任何信息，因此有人认为整个故事是虚构的。有关这个故事，还有其他几种版本。这艘船也许被新主人改了名，却从来没有登记；也许因为走私或其他不法活动而用了新的身份；也许此事之后，有人故意销毁了文件记录，掩盖危险的秘密。

有人认为这是超自然力量，但更靠谱的是科学的解释。有人认为是海底裂缝渗漏的甲烷，或者是船上锅炉泄漏的一氧化碳（这也解释了随后起火爆炸的原因）造成的。更有意思的是，有人认为“棉兰号”运输了生化武器，这些武器在船上泄漏引起了大火。

马六甲海峡
马来西亚
苏拉威西岛
婆罗洲
苏门答腊
印度尼西亚
爪哇
新加坡

72 “美洲”这一名称的由来

未解之谜 为什么文艺复兴时期的地图绘制者将新大陆称作“美洲（America）”？

发生时间 16世纪早期。

一个名字里蕴含了什么？实际上，一个名字包含很多种寓意，尤其是我们讨论的这个名字，它的起源还承载了某种未知的文化意蕴。美洲因意大利探险家亚美利哥·维斯浦奇（Amerigo Vespucci）而得名，还是另有原因？也许这段大家都熟知的文化历史到头来并没有那么简单。

美洲并不是以它的“发现者”克里斯托弗·哥伦布而命名，许多人认为这不公平。大家公认的事实是，美洲以亚美利哥·维斯浦奇命名，他曾经在哥伦布航行之后到达新大陆，并让欧洲人意识到哥伦布到达的地方并不是亚洲，而是一个新的大陆。1507年，为了酬谢维斯浦奇的功绩，制图员马丁·瓦尔德塞米勒首次在地图上将新大陆标注为美洲（America与维斯浦奇的名字Amerigo只有两个字母之差）。瓦尔德塞米勒是否将维斯浦奇名字的最后两笔写错了呢？这个被人叫了多年的名字也许跟维斯浦奇毫无关系？如果是真的，那么这一说法可就削弱了美洲身份创造中的一个基本部分。

19世纪后期首次提出的说法称，美洲这一名字并不是由欧洲探险者创造的，而是从土著人的用法得来的。法国地质学家朱尔斯·马尔谷指出，哥伦布和维斯浦奇都到过盛产黄金的尼加拉瓜地区，而此地因印第安土著居民“Amerrique”族而闻名。他甚至指出维斯浦奇还恰逢其时地将自己的名字“Alberico”改为“Amerigo”（这种说法备受后人怀疑）。此时，其他人类学家则称“Amerrique”是玛雅文字，大概意思是“风之地”。因此，美洲这一名称的由来可以追溯到哥伦布之前的当地人，而非后来的欧洲闯入者。这种说法明显具有轰动效应。

更让人疑惑的是与之相对的说法——该名称来源于意大利人约翰·卡伯特，他于15世纪90年代末在北美部分地区考察，范围包括纽芬兰。他的考察受到英国人的资助，他的最大的出资者便是一个叫作理查德·亚美利克（Richard Ameryk）的人。难道卡伯特以亚美利克命名新大陆来报答他的慷慨解囊吗？这是一个十分有趣的猜想。

AMERICI VESPUCI
OCEANUS OCCIDENTALIS
Terra incognita
80
vnus gdus continet miliar. .6.
ARCTIC
BALOR REGIO
desertum

73 比米尼之路

未解之谜 一块令人不可思议的水下岩石是怎样形成的？

发生时间 1968年9月2日。

巴哈马比米尼岛附近的水域中有一个延伸半英里的大型石灰岩块，令人叹为观止。它到底是什么？又是怎样形成的呢？大家对此各抒己见。有人认为这是自然造化而成的，还有人认为这是人工雕琢而成的，并指出该地区之前存在一个未知的、高度发达的古代文明。

1968年9月，有三个人在北比米尼岛附近潜水探险，他们发现了一条像是水下通道的东西，由一长串石块排列组成。这些石块的形状和大小各不相同，但是大部分都长过三米。这一大发现迅速传播开来。这是通往某个很久以前被大海吞没的古城的道路吗？或者关于它的存在还有更平常的解释？

自此以后，人们对这个地方进行了多次调查，调查者包括专家、业余爱好者以及一些怪人。那么，它的起源是什么？那些相信自然造化的人认为，此“路”实际上是海滩岩的延长部分。海滩岩是沙砾、贝壳之类的混合物，经天然的碳酸钙凝固而成的。

其他人则相信这是人类有意制造的，他们称有些岩石上有工具的痕迹，虽然这种说法饱受争议。

这种石块的形成时间难以确定，但有人指出它形成于两万年前。如果能证明当时有先进的种族进行了这项如此庞大的工程，那我们对人类历史的认识将被彻底颠覆。有些“人工雕琢说”的支持者甚至联想到了亚特兰蒂斯的失落之城（Lost City of Atlantis）的传说。

比米尼之路的尽头是否有一座古代的大城市？大部分权威的学术研究偏向“自然造化”这种解释，因为地质学家一致认为两千年前的海岸侵蚀才暴露了这个地方。但是，很多人仍然持怀疑态度。小格雷格（Greg）博士是“人工雕琢说”的积极拥护者（他最偏爱的解释是，这是一堵海港的墙），他争辩道：“出于一些明显的原因，主流人类学家都避免研究比米尼岛，仿佛它感染了致命的病毒。他们通过阅读前人的研究成果来研究，在没有了解一手资料的情况下就深信不疑……”

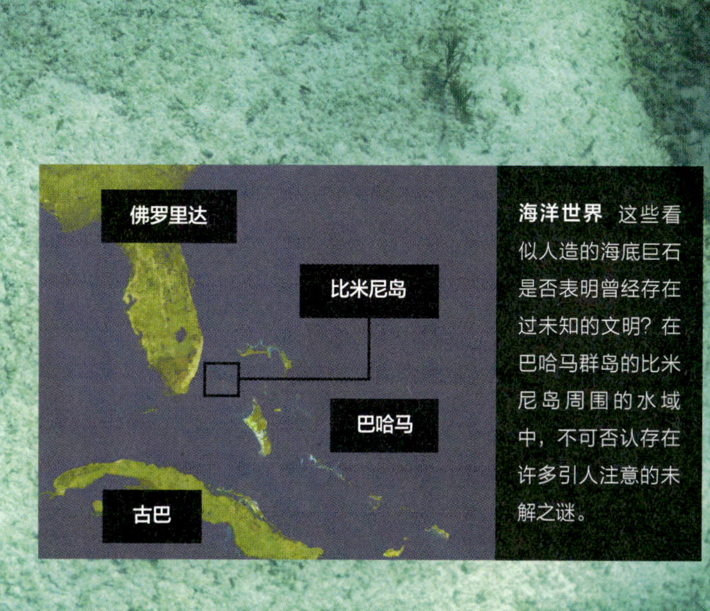

海洋世界 这些看似人造的海底巨石是否表明曾经存在过未知的文明？在巴哈马群岛的比米尼岛周围的水域中，不可否认存在许多引人注意的未解之谜。

74 跳舞的瘟疫

未解之谜 为什么许多斯特拉斯堡（Strasbourg）的居民都跳舞至死？

发生时间 1518 年。

1518 年 7 月，一位名叫弗劳·特洛菲亚（Frau Troffea）的女士在斯特拉斯堡（现属于法国，当时是神圣罗马帝国的一部分）的街上疯狂地跳舞。一个星期后，100 多人加入了她的行列，一个月之内，跳舞的人数激增了三倍。每跳一次舞都要持续好几天，许多人因体力不支而晕倒，很大一部分人竟然活活累死。是什么导致了斯特拉斯堡疯狂跳舞的惨剧？

这就是一个好心做坏事的例子，斯特拉斯堡当局认为唯一的出路便是任由这些人尽情跳舞。鼓手和笛手进了城，公共场地也留给了这群发疯的舞者。1518 年 9 月，这场疫情才得以消退，截至那时，死亡人数已不计其数。

虽然这是最引人注目的一次，但不是第一次发生。自 14 世纪以来，至少有 10 桩类似的情况，比如横扫比利时、法国东北部和卢森堡那次，此事背后可怕的真相长期困扰着历史学家和医生。有人认为这些舞者是一种异教的追随者，但是，这种说法与目击者的报道不符，据目击者报道，大多数舞者并不情愿参加这种无休止的跳舞。另一种说法是这群人摄入了过量的麦角——一种与裸麦相联系的精神病药物，能引起痉挛和幻想，但这种药物也会影响血液流通，根本无法让人跳舞。

约翰·沃勒（John Waller）是这方面的专家，他指出，也许最具可能性的解释就是，这种群体性歇斯底里的现象是由饥荒导致的极度饥饿和疾病引起的。在身心俱乏、情绪低落的情况下，这些受害者在一种恍惚的状态下无休止地跳舞。据了解，当地人还十分尊崇圣维特大教堂，这是舞者的守护神（如今它是神经紊乱的代名词）。但这也只是一个假设。

在当代人看来，普通人被鼓动去跳舞直到力竭而亡，这既可笑又可怕。而当时的政府选择鼓励这些人继续跳的做法也是令人震惊的。1518 年的事件是怎样发生的，仍旧是一个黑暗的、令人不安的谜。

75 偷袭珍珠港

未解之谜 罗斯福总统预先知道日本要袭击夏威夷吗?
发生时间 1941年12月7日。

日军偷袭珍珠港，给美国海军造成重大损失，这是美国加入第二次世界大战的诱发因素。如果没有发生这件事，美国没有参战，那么如今的世界将大不一样。当时的美国总统是否知道日军即将袭击珍珠港，而他依然坐视不理，任由它发生?

1941 年 12 月 7 日，日军对珍珠港发起袭击，致使 2400 多名美国军人丧生，还摧毁了大量的船只和飞机。富兰克林 · 罗斯福总统将此描述为“罪恶的一天”，一天后美国向日本宣战，之后，德国和意大利也对美国宣战。曾经，美国大众都主张对隔海万里的战争采取不干预政策，而现在大家都支持美国加入战争。

历史学家相信，只有美军参与才能结束第二次世界大战。英国首相温斯顿 · 丘吉尔可谓战争时代的传奇人物，他一直认为美国参战对第二次世界大战有着至关重要的影响。之前，美国政府拒绝参战，这让丘吉尔极度心灰意冷。当然，罗斯福也处境艰难：一方面，他相信美国的参与对维持全球平衡起着关键性的作用；另一方面，他又不得不考虑国内民众的意见。

我们有理由认为，罗斯福对珍珠港遭到袭击而愤怒难平，与此同时，总统也许松了一口气。这就是他加入战争的导火索，面对如此极端的挑衅，国内国外万众一心，都期望他带领美国参战。但是，战争结束后的几年里，出现了一种新的说法。罗斯福是否提前就知道这场袭击，却任由它发生以便成为他开战的借口?

无数文件和个人回忆录都显示美国政府想“把日本逼到角落”。比如，几乎没有政治评论家相信日本会响应华盛顿政府的要求而撤离中国——这个要求似乎只会激怒日本。还有相关的证据：第二次世界大战时的国务卿亨利 · 刘易斯 · 史汀生，于珍珠港事件的 10 天前在笔记本中写道，他已经和总统谈过“我们应该怎样让日本先出手，同时确保不给我们带来太大的危险”。1940 年末，海军情报部的少校亚瑟 · 麦科勒姆发送的一份被解密的备忘录，里面详细地记载了几种激怒日本开战的策略。显然，即使没有任何确切的证据，这种观

突然袭击 1941 年 12 月，赤城号航空母舰的日本帝国海军三菱 A6M2“零”式战斗机准备袭击珍珠港。

参战 1941 年 12 月 8 日，富兰克林·德拉诺·罗斯福总统签署美国对日宣战书。三天后，又宣布对德作战。

点仍然在白宫传播开来。

美国是否早就知道日本要袭击珍珠港，这是一个有待讨论的问题。有可能海军情报部通过无线电拦截装置接收到了日军靠近的信号，但截获的无线电内容是否被准确地解读成敌人即将发起攻击，尚不明确。截获的情报是否送到了总统的办公室，也是一个疑问。

但有一点是确定的，袭击的三天前，总统办公室有一份 26 页的备忘录，警告日军企图获得“陆军、海军和商业信息，特别关注西部海岸、巴拿马运河和夏威夷领土”。虽然没有明确警告具体的袭击信息，但是随后的突袭也不能完全说毫无预兆。同时，还有人指出，袭击前几天甚至前几个星期，有大量的医务人员和设备被送往夏威夷。

还有讨论说罗斯福知道珍珠港遭受袭击的计划，只是不相信日本竟能调遣如此多兵力，摧毁了海军防御基地——如果传言是真的，那么总统做了一次错误的判断。还有人称，美国情报部门破译了日本的高级加密军事密码，但仍然放任珍珠港袭击进行，以便掩盖真实的目的，这种阴谋论的说法并没有足够的证据支撑。

总统对于即将到来的袭击到底知道多少，或者他认为自己知道多少，这是一个无法回答的问题，除非所有相关文件都被解密。当时因为担心文件落入日本人的手中，夏威夷的许多资料都惨遭销毁。因此，罗斯福是否预先知道此事将永远是个谜。

转折点 珍珠港惨遭突袭迫使美国加入“二战”，最终力挽狂澜。如图，美军“肖号”驱逐舰在经历毁灭性的爆炸后又回到战场，在战争中扮演重要角色。

76 伊丽莎白的孩子？

未解之谜 伊丽莎白一世有一个私生子吗？
发生时间 16世纪60年代。

伊丽莎白一世有着“柔弱女流”的身体，却以“君王心胸”治理英国而出名。她在内战即将爆发之际接管了这个国家，深知要在全国上下树立起权威，不能因传统的“妇人之事”而分心。但这是否意味着她做出了最终的牺牲，置自己的孩子于不顾呢？

伊丽莎白统治早期，以“贞洁女王”著称，并昭告她的子民：“为了这个神圣的使命，我把自己嫁给了这个王国。不要责怪我没有孩子，每一个英国人都是我的孩子，都是我的亲人。”如果人们认为一个既没有婚姻也没有孩子的国王很无能的话，那么伊丽莎白则将此转化成了积极的能量。当时若有人发现她没有结婚却有了孩子，必将招来可怕的后果。英国可能陷入残酷的宗教战争，新教将面临巨大的压力，西班牙无敌舰队也许就不会被击败了。

将意料之外的私生子悄悄地隐匿在历史中，这并非不可能，我们来看看令人好奇的爱德华·达德利（Edward Dudley）一案。1587年，他逃离了比斯开湾，被西班牙军队指控间谍身份而遭逮捕。他的前途眼看一片惨淡，他却向审问官讲述了一个惊人的故事，称自己是伊丽莎白女王和罗伯特·达德利（Robert Dudley）的私生子。罗伯特·达德利是莱斯特的伯爵，有流言称这个阿谀奉承的人长期与伊丽莎白偷情。在英国，这一“坦白”的消息很快就销声匿迹了，人们认为这是无稽之谈，或者是西班牙天主教的阴谋，想要除掉英国的新教女王。

但是这种说法真有那么离谱吗？人们仍旧猜测伊丽莎白和达德利是情人，因此她怀孕的消息并非毫无根据。我们也知道，1561年她卧病在床，据说她的肚子因水肿而鼓胀。有可能是怀孕了吗？伊丽莎白当然十分清楚这种局面蕴含的政治意义。据说，她命人将婴儿委托给了一位宫仆抚养，并告诉他这个孩子是另一位宫中之人的，因为害怕这个“小意外”被女王知道了，所以才要寄养孩子。但伊丽莎白是否更像这个阴谋的主角呢？

种马达德利 历史学家广泛地认为“贞洁女王”这个说法不恰当，并认为罗伯特·达德利是伊丽莎白的长期情人。但他真的与伊丽莎白生有一个名叫爱德华的儿子吗？

77 水晶头骨

未解之谜 那十几个神秘雕刻是怎么来的?
发生时间 19 世纪晚期。

水晶头骨是一组精雕细刻的头骨，据说出自中美洲。其中几个头骨在私人收藏家手里，其余的都在世界顶尖的公共机构中，包括大英博物馆和史密森学会，可是它们的来源地备受争议：科学分析无法解答它们的来源，没人清楚它们是由谁、何时制作出来的。

据说有 12 或 13 个头骨留存于世，每一个头骨都各不相同，且每一个都是精美的物品。有的是真人尺寸，其余的是微缩模型；有少量的是用手工精心雕琢而成的，而其余大部分则是粗制滥造的；有一两个头骨有移动的腭骨，但大部分没有；用来雕刻的水晶也是变化多样，有的是百分百的纯水晶，有的则是烟熏或者染色的。

这些头骨于 19 世纪下半叶首次出现在西方的收藏物里，当时人们对远古文明的兴趣达到顶点。根据已知的说法，它们已有几千年的历史（也许达万年之久），是在美洲前哥伦布文明时期制作的，也就是大名鼎鼎的阿兹台克文明和玛雅文明时期。此外，它们不但是精美卓绝的工艺品，而且还具有神奇的魔力。据说，它们能治病，能预知未来，甚至能置某人于死地。另一种说法表明每个头骨都是古代某个受人尊敬的智者，将它们搜集全，就能揭开天大的（也有可能是可怕的）秘密。

起初，虽然在常规的考古挖掘中并没有发现这些工艺品，但人们都愿意相信这些头骨的确年代久远，且出自中美洲。直到 1897 年，受人尊敬的伦敦大英博物馆陈列了一个样品，而 1992 年底，华盛顿的史密森学会热切地接受了一个匿名的头骨礼物，附赠的留言写着，这个头骨是作为阿兹台克人的遗物购买的，它最近的主人是连任七届的墨西哥总统波费里奥 · 迪亚斯（Porfirio Díaz）。

但是，当这些受人敬仰的机构开始对展品进行系统的科学分析时，显示这些头骨是比较现代的产物，而并非先前猜测的那样。两件样品的雕刻工具都是 19 世纪以后才出现的，两家博物馆都分别判定它们持有的是一个最新的赝品。大英博物馆甚至指出，所有已知的头盖

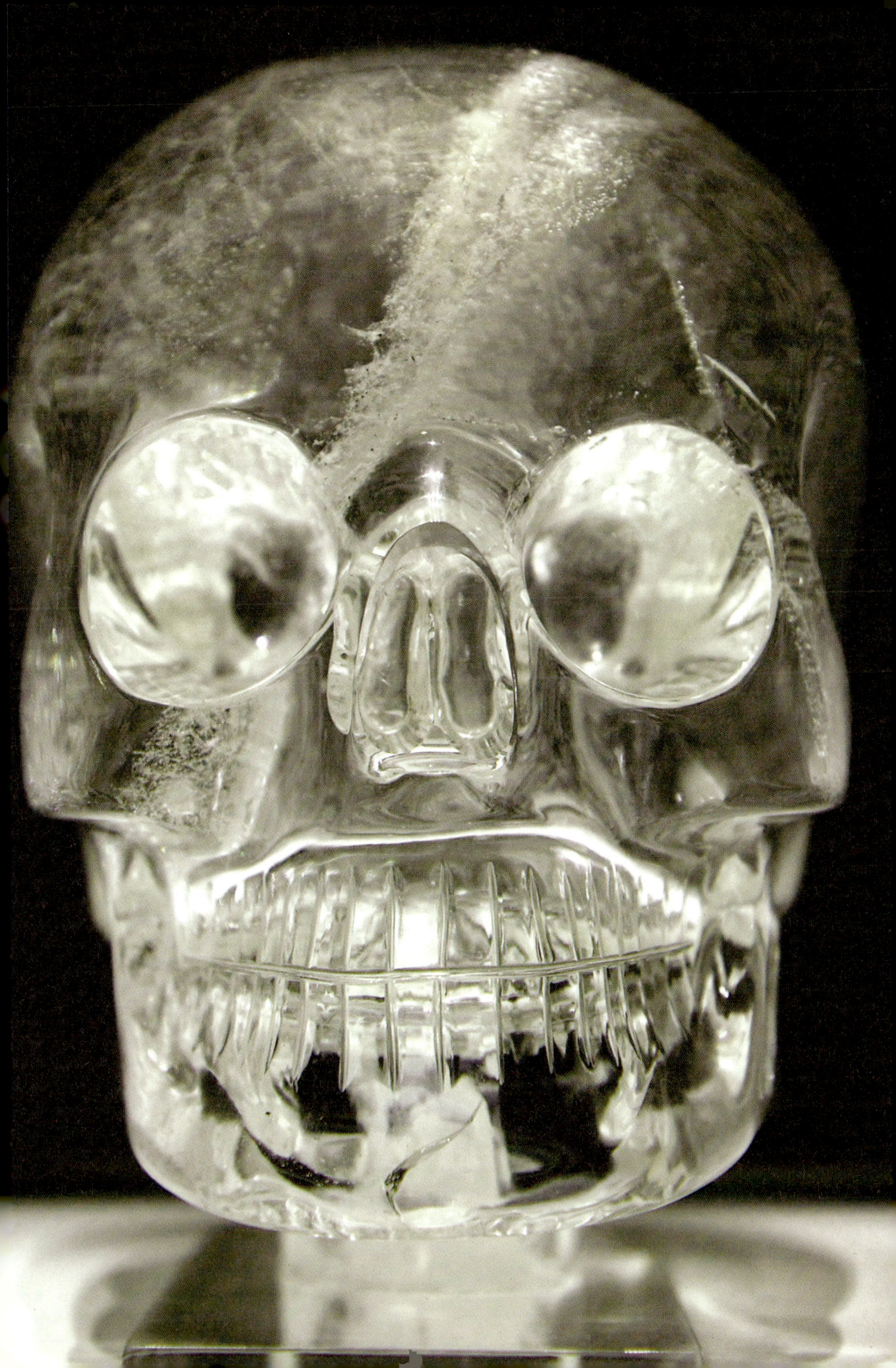

供应与需求 法国古董商欧仁 · 博班（Eugène Boban）与几个水晶头骨有联系。难道他为了满足欧洲人对中美洲历史的渴望而亲自创造了这些惊世骇俗的物品吗？

骨都可能是现代（或至少是 19 世纪）骗局的产物。

但是，少部分顽固的坚信者对此给予了反击。他们反驳说，使用现代技术只能说明前哥伦布文明时代远比我们之前想象的先进。还有更离谱的说法，这些头骨是消失的城市亚特兰蒂斯的遗物，或者它们是天外来物。这个流传更广的故事也融入到了通俗文化中，最为成功的莫过于 2008 年的大片《印第安纳 · 琼斯与水晶头骨王国》（*Indiana Jones and the Kingdom of the Crystal Skull*）。

虽然不可能找出这些头骨的准确生产日期（目前掌握的科技还无法确定水晶的年份），也不能确定是谁创造了它们，但是我们发现许多头骨在维多利亚时代通过巴黎古董商欧仁 · 博班进入市场，博班在墨西哥皇家宫廷做了多年的考古学家。他发现欧洲人对中美洲的文化工艺品十分渴望，并且意识到头骨在许多文明中都是有力的象征，他是否开办了一个作坊专门生产“古代遗物”？这种猜想也不是没有可能。

然而，我们应该仔细掂量安娜 · 米歇尔 – 赫吉（Anna Mitchell-Hedges）的证词，她是著名英国冒险家 F.A. 米歇尔 – 赫吉的女儿。直到她 2007 年去世，她还称在 1924 年和父亲一起探险时，在伯利兹一个废弃的寺庙里发现了其中一个头骨（又名米歇尔 – 赫吉头骨）。可惜她的说法缺乏档案证据，有证据证明她的家人在 1943 年的拍卖会上买下这个头骨。可是，她坚持说自己是在古代遗物中找到头骨的，而且头骨具有强大的力量。

不管事实如何，这些头骨绝非寻常的博物馆陈列物。也许它们只是一场骗局，虽然许多学术研究都在确定它们的来源，但我们距离事实的真相和真正的动机还很远。它们即便并不是充满神秘力量的古代遗物，也是具有神秘色彩的精美物件。

78 阿尤德工艺品

未解之谜 一个大型铝质楔形物怎么看似被埋葬了千年之久?

发生时间 1974年。

1974年，在罗马尼亚特兰西瓦尼亚阿尤德（Aiud）附近挖掘的工人有一个惊人的发现：在10多米深的骨骼化石旁边有一大块机械金属。经检测，这种金属是铝。铝进入量产仅150年的时间，它出现在远古化石中引发了各种各样的猜测。

这块铝是在穆雷斯（Mures）河岸的沙子底下发现的，重2.2千克（约5磅）、长21厘米（约8.25英寸）、宽12.5厘米（约5英寸）、高7厘米（约2.75英寸）。据说，它被捐赠给了一家当地的博物馆，在接下来的几十年里积满了灰尘，最后被送到罗马尼亚和瑞士的实验室检测，发现含有89%的铝。

人们在19世纪初才发现金属铝的存在，几十年之后，才开始大量生产。据说这件物品发掘于地质层，位于早已灭绝的长毛猛犸象的骨骼化石旁边，经推测，化石的年份在一万年到两万年之间。神秘的地方不只它的年份，它的用途也引来众多争论。这是自然形成的，还是人工制造的？如果是人工制造的，那么它是某种工具的一部分吗，比如一个大锤头？在现代某些人眼里，这件物品看起来像一个踏板或者起落架的脚部。

考虑到这么多奇特之处，难怪有关它的来源让人匪夷所思。难道在古代有一种未知的人类超级种族在几千年前就开采了铝矿吗？其他人则认为这是古代外星人入侵的证据（甚至猜测这是到访地球的UFO的一部分）。

还有人说这只是个赝品和骗术，并争辩道，很难确定它的来源，在公众场合很少见到。同时，其他人则接受未经证实的发掘地点和时间，并承认我们的星球偶尔会制造出这种不同寻常的东西。他们辩驳说我们不得不接受有些物体出现在与我们的逻辑相矛盾的地方。阿尤德工艺品确实很奇怪，实在让人搞不清楚它的确切由来。

79 狮身人面像的年代

未解之谜 埃及神圣的地标之一，狮身人面像的年代比我们想象的更久远?

发生时间 约公元前10500年。

令人叹为观止的狮身人面像坐落于吉萨尼罗河西岸，靠近金字塔。虽然我们不明确它的建造年代，但大家公认的时间大约在公元前2540年。这座雄伟的狮身人面像不禁让人揣测这一不同寻常的事物要远远早于这个年代。该地之前是否有未知的、高度发达的文明?

如今，狮身人面像耸立在吉萨的沙地上，但大部分时间，它被沙子掩埋在地下，这样才不受风沙的侵蚀，从而保存了下来。其实它所呈现出来的大部分破损都是缘于现代人制造的环境污染。没有记录显示是什么人下令建造了这座丰碑——这座从远古时代幸存下来的最庞大的雕像，但有流言称它是由第四王朝的法老哈夫拉于公元前2540年下令建造的。然而，反对此种说法的人指出，哈夫拉和狮身人面像毫无关联，史册里也没有记载相关建造内容。如此庞大的工程会不会在某处留下保修用的文件?

其他研究者提出了完全不同的说法。我们先把太空入侵者建造狮身人面像的说法抛在一边，20世纪80年代末，罗伯特·波法尔和格雷厄姆·汉考克提出了一种更有趣的说法。他们指出狮身人面像和附近的金字塔是精致“地图”的一部分，它们在公元前10500年是要模拟猎户座的星图。这种说法显然说明了前埃及文明有能力建造伟大的工程。

毫不意外的是，传统的埃及研究者群体对这种看法并没有表现出多大的热情，但是很难否认的是作家约翰·安东尼·韦斯特和地理学家罗伯特·斯库奇指出狮身人面像上有雨水侵蚀的痕迹。我们知道，在这座雕塑存在的整个时期，吉萨都是干旱的，只有回到公元前7000年或者更早的时候，当地才能产生足够的雨量，造成这种程度的雨水侵蚀。

再者，许多著名的埃及研究者对这些“金字塔白痴”的理论不屑一顾。如果狮身人面像真如某些人说的那样古老，那么人类的历史又要来一次重大的改写。这足以让传统主义者坚决认为这些说法都是胡扯的。

80 莎士比亚的真实身份

未解之谜　“埃芬河的吟游诗人”是谁?

发生时间　16 世纪末以来。

是谁写的《哈姆雷特》和《罗密欧与朱丽叶》？很显然，答案是威廉·莎士比亚（William Shakespeare）。但这位英语文学中最伟大的作家真是大家所看到的那样吗？有许多评论家、学者和研究员持有不同的看法，其他持有这种看法的也大有人在，莎士比亚的著作权问题是有史以来最伟大的文化谜团之一。

莎士比亚的传记上写道，他于 1564 年 4 月 23 日出生在埃芬河畔的斯特拉特福，环境十分艰苦，于 1616 年 4 月 23 日去世，出生和去世都在同一天。成年后，他娶了安妮·海瑟薇（Anne Hathaway）为妻，与她生育了三个孩子，他因担任演员、作家和剧院主办方而扬名伦敦。当然，他给世人留下了至少 37 部戏剧和超过 150 首堪称天才之作的十四行诗。然而，19 世纪中期，出现了第一个异议的声音，显然是有些自命不凡的人撺掇的。他说，一个出身卑微，没受过多少教育，也没掌握第一手资料的人，怎么可能写出如此动人的历史事件、贵族世界和王室家庭?

有人可能会说莎士比亚一定比那些质疑他的人拥有更丰富的想象力。然而，这个问题的性质就很引人深思。我们对于莎士比亚的生平知之甚少。是否有人故意混淆史实，来掩盖他的真实身份呢?

难道斯特拉特福的莎士比亚只是一个“替罪羊”，因为作者本人不想或者不敢与那些戏剧联系在一起？马克·吐温曾经说得再明白不过了：“迄今为止，其实任何人都知道，且也能证明，埃芬河斯特拉特福的莎士比亚在他的一生中从来没写过戏剧。”

有 100 多个名字都是“真实”莎士比亚的候选者，虽然大部分都能被迅速排除，但有几个名字极具真实性，令人信服。第一个人就是集哲学家、作家、科学家和政治家于一身的弗朗西斯·培根（Francis Bacon）爵士，19 世纪 50 年代以来，他的名字就位于榜首，这主要是由美国作家迪莉娅·培根（Delia Bacon）提出的，她说弗朗西斯·培根组织了一个包括埃德蒙·斯宾塞 （Edmund Spenser）和沃尔特·罗利（Walter Raleigh）爵士在内的著作

小组，他们热衷于通过戏剧来推广自己的哲学思想，由于工作有极高的政治性质，他们用莎士比亚的身份来隐藏自己。直到今天，培根的支持者还指出莎士比亚的戏剧与培根的著作有显著的相似之处。

威廉·斯坦利（William Stanley）是第六世德比（Derby）伯爵，他的名字首次出现于19世纪90年代，是另一个获得强烈支持的候选者。他于1561年出生，1642年去世，是一位游历丰富的剧院老板，时常以真名落款写戏剧。的确，莎士比亚还与彭布罗克（Pembroke）伯爵和德比伯爵有紧密联系，莎士比亚的《第一对开本》就是专门写给这两位伯爵的。另一个可能的贵族就是罗杰·曼纳斯（Roger Manners），他是拉特兰市的第五世伯爵。1907年，德国学者卡尔·布雷托（Karl Bleibtreu）指出曼纳斯与他的岳父——诗人菲利普·西德尼（Philip Sydney）写了这些戏剧。可是，这个说法存在一个重大的破绽——莎士比亚第一批著作出版的时候，曼纳斯年仅16岁，照这么说来，他必定是个神童。

最有意思的说法是，这些作品都出自莎士比亚最崇拜的同时代作家克里斯托弗·马洛（Christopher Marlowe）。著名戏剧《浮士德博士》的作者便是马洛，官方记载他在1593年的一场打斗中被刺杀而亡，年仅29岁。之前，

不同寻常的嫌疑者 莎士比亚真的是某个天才人物的替身吗？他们有可能是（从左到右）弗朗西斯·培根、爱德华·德维尔、威廉·斯坦利和克里斯托弗·马洛。

他遭到逮捕，原因不明，也许是因为他亵渎上帝。为了躲避官方的调查，他是否伪造了自己被谋杀一事，然后使用这个笔名来继续他的职业生涯呢？

也许最可信的斯特拉特福的莎士比亚候选人是爱德华·德维尔（Edward De Vere），第十七代牛津伯爵。牛津伯爵在宫中是个地位显赫的人物，是伊丽莎白一世的侍从。他也是个卓有成就的诗人和慷慨的艺术投资人，他受过高等教育，在殷实的家庭长大，他了解莎士比亚书中描写的世界，甚至还在 1575 年和 1576 年承办了欧洲“大巡游”，参观了后来出现在吟游诗人作品中的地方。他是这片土地上最有权势的人，如果他真的是备受争议的莎士比亚剧作的真实作者，那么他将失去很多东西。表达错误的政治或宗教情怀也许会招来杀头之祸，著名的社会人士往往不会以自己的名义行事。

这意味着斯特拉特福的莎士比亚是人们设计出来的吗？这种想法并没有像最初听起来那样荒谬。是莎士比亚，或者不是莎士比亚？这是一个值得深思的问题。

81 巴格达电池

未解之谜　古代人能发电吗?

发生时间　约发现于1938年。

20世纪30年代，德国考古学家威廉·柯尼希（Wilhelm Konig）在伊拉克巴格达附近的村庄拉布发现了一组陶罐，很有趣的是，每只陶罐里都装了一个铜管，铜管里还有一根铁棍。柯尼希相信这些就是电池的雏形。如果他的说法正确，那么这说明人类的发电史又要向前推移至少1000年。

每只陶罐约13厘米（约5英寸）长，但很难确定它们的年代。柯尼希是伊拉克国家博物馆的馆长，他认为这些陶罐属于帕提亚时代（约公元前250年到224年），但其他人则认为这是属于萨珊王朝的（约224年到640年）。据柯尼希所说，陶罐装满了充当电解质的导电液体——葡萄汁或者醋发挥了类似的功能。他还指出这种电池只需要一层薄薄的黄金就可以电镀银质物体。当然，有大量证据证明古伊拉克盛行镀金术，但大家普遍认为这都是手工完成的，或者是用汞溶液“涂上”的。古代文明电镀的想法确实是革命性的。

在该发现之后的几十年里，这种“电池”就被曝能够产生弱小的电流，虽然功率方面备受大众的争议。有些人还猜测是否将几个陶罐连接在一起能产生更强的电流，但没有找到能表明相关迹象的连接线。

如果它们真是电池，那么这些卓越的技术是怎样再次失传的呢？或许这只是一项意外的发明，发明者并不理解背后的科学原理？又或者，掌握这种宝贵学问的人想方设法保护这项科学，不让外人知道？毫无疑问，这种镀金能力让一小部分幸运者变得富有，某些人甚至猜想这些电池是否具有近乎神圣的目的——试想，如果电击一下经过宗教雕塑的路人，他们会作何感想！另一种说法认为这种电池用于医疗，就如同古代的电击仪。某些古典主义者认为这种电池的说法不过是一种障眼法——但因为缺少更好的解释，再加上陶罐可以被制作成具有这些功能的物品，因此电池的说法不应该被立即否认。

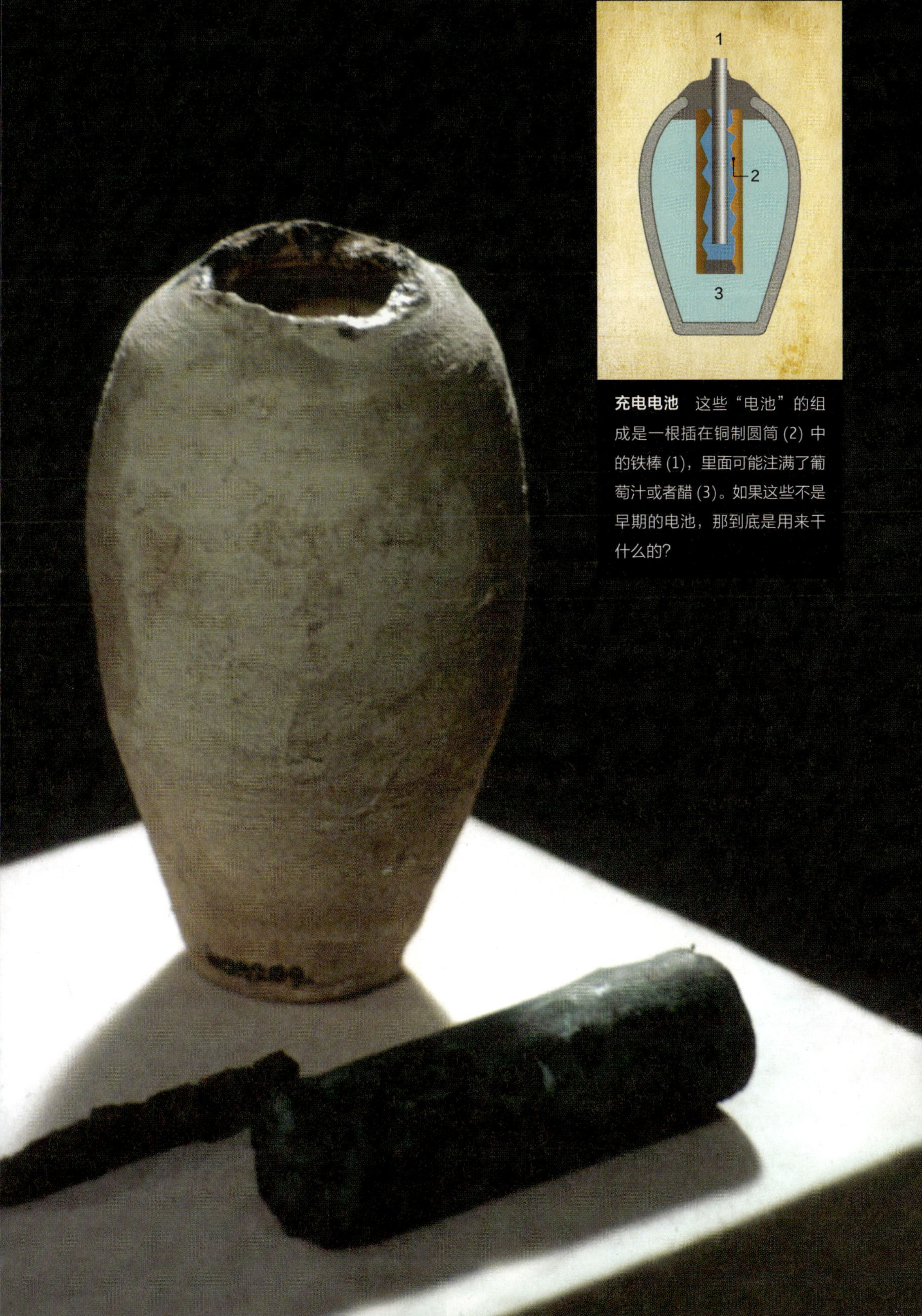

充电电池 这些“电池”的组成是一根插在铜制圆筒 (2) 中的铁棒 (1)，里面可能注满了葡萄汁或者醋 (3)。如果这些不是早期的电池，那到底是用来干什么的？

82 维多利亚女王和约翰·布朗

未解之谜　维多利亚女王秘密地嫁给了她的仆人约翰·布朗吗?
发生时间　约 19 世纪 60 年代。

在现代人眼中，女王维多利亚似乎对性过分谨慎，但她与配偶阿尔伯特的亲密关系又和这种假设背道而驰。阿尔伯特去世后，全国进行了多年的哀悼，维多利亚仍然保持一颗深情的心。她与仆人约翰·布朗的关系受到人们特别的关注——但他们真的秘密结婚了吗?

1861 年，阿尔伯特亲王的去世让维多利亚深感孤独。因此，巴莫拉尔宫的约翰·布朗才被调遣到奥斯本怀特岛，充当维多利亚的私人马夫，他本是阿尔伯特的“垂钓侍者”。布朗以轻率和酒量大而著称，他生性粗鲁，曾经将几个人的鼻梁打歪，后来与女王在一起时也没有改变。然而，维多利亚喜欢他的陪伴。他们大部分时间都在一起度过，甚至还一起享用威士忌。维多利亚的女儿淘气地称布朗是“妈妈的情人”。

如果布朗只是维多利亚的调味品，那么其他身份高贵的人则觉得布朗的存在很令人不安。外交大臣兼德比伯爵指出，维多利亚和布朗有时候各自睡在隔壁房间的行为“有失礼数和体面”。维多利亚在书信中称布朗为“亲爱的”，这又激起了大家的不满情绪。维多利亚去世时，陪葬品有她的一缕头发、一张布朗的照片、几封布朗写给她的信以及送给她的来自布朗母亲的戒指。

1883 年，维多利亚对布朗的过早去世表现出极大的悲痛。她悼念布朗是“最了不起的人物之一”，一些人认为，维多利亚对布朗使用的悼念之词与她对阿尔伯特使用的等同。

那么关于结婚的谣言呢？这个是由布朗还在世时的苏格兰国家主义者传播的——如果他们意图制造麻烦，那么后面的证据会显示他们的企图。

路易斯·哈科特是赫伯特·阿斯奎斯自由政府的政客，他提供的证词最有说服力。他的父亲威廉·哈科特爵士是威廉·格莱斯顿的内政大臣。路易斯·哈科特讲述了他父亲在 19 世纪 80 年代听到的一个故事：诺曼·麦克劳德爵士在临死时坦白，后悔自己秘密主持了维多利亚和她仆人的婚礼。如果这个故事是真的，

神殿 苏格兰巴尔莫勒尔宫，约翰·布朗就是在此处成为阿尔伯特王储的忠实仆人，这也是他首次侍奉维多利亚女王的地方。

那么结婚典礼很可能是在1866年的苏格兰举行的。

2012年，受人尊敬的历史学家约翰·朱力叶斯·诺威奇说，他的同事斯蒂文·朗西曼爵士（已去世）曾经在温莎城堡的皇家档案馆内发现了维多利亚和布朗的结婚证。据说他把结婚证拿给当时女王的母亲看，并坚持马上将这份文件烧毁。这种说法扑朔迷离，有些评论者指出朗西曼是个老顽童，很喜欢制造谣言。

甚至还有谣言盛传维多利亚和布朗生有一个孩子（或说三个，取决于谣言出处）。朗西曼又称第二次世界大战后，他参加了艺术家黑森王子亨利（维多利亚的曾孙）的纽约画展。在那里，亨利遇到了一个叫吉恩·布朗的人，她说他们两个有亲戚关系，因为她是维多利亚的后代，并且维多利亚还与约翰有婚约。朗西曼说道，正如她所说，她在婴儿时期就被轮船送往美国，然后在那里生活。其他人称还有一儿一女潜藏在巴黎。然而，这些传言都没有持续很久。

体形丰满的维多利亚充满悲痛，身着丧服悼念阿尔伯特。她之前就给人留下了这种印象，现在很难想象她会突然举办一个不合法的结婚典礼。我们知道她的公众形象与私人生活并不完全统一。虽然她对阿尔伯特的悼念之情是真实的，但她也是个渴望陪伴的女人。布朗死后，她又与一个印度仆人阿卜杜勒·卡林（也叫文西）产生了感情，这比她与苏格兰“垂钓侍者”的关系更招人痛恨。

毫无疑问，布朗在维多利亚心中占有特殊的位置。她被劝说嫁给布朗的可能性比你想象的要小得多。历史学家安德鲁·罗伯特提供了大量关键证据，表示维多利亚和布朗可能宣读了结婚誓词，但是没有发生性关系——这在当今的时代看来不可思议，但在150年前，这是可能的。

83 为什么要建巨石阵？

未解之谜 为什么要在英国修建雄伟壮观的古老巨石阵？

发生时间 约公元前2150年。

高耸在英国西南部索尔兹伯里平原的巨石阵是欧洲最伟大的史前遗迹之一，建成几千年之后，还在吸引着人们的关注。它是由谁建造的，建成于什么时候，以及怎样建成的都是令人深思的问题，而且这项工程要求具备超高的工程技术。但也许最令人费解的问题就是：为什么要建造这一巨石奇观？

巨石阵是由新石器时代错综复杂的巨石排列而成的。这项工程分为许多阶段，第一阶段就是建壕沟、堆砌以及挖洞（被称为奥布雷洞），可能发生于公元前4000年末。1000年过后，82块巨石从400千米（约250英里）以外的威尔士西南部普雷塞利群山运来，部分石块重四吨，运输工具仅为推车、雪橇和竹筏。石头到达目的地之后，将它们立起来，围成两个圆圈。

第三阶段也是最后阶段，开始于公元前2000年，更巨大的砂岩从40千米（约25英里）外的威尔特郡北部运来。这些石头被排列成外圈和内圈，内圈的石头排列成马蹄的形状。公元前1500年左右，这些蓝色的石头（许多被移至别处或者被损坏）又被重新排列，成了我们现在看到的样子。

不同阶段的建造都需要极大的劳力。每个阶段可能都需要成千上万个劳动力，那个时候，全英国的人口只是现在的几分之一，而且劳动力通常只能维持生计。所以巨石阵到底有多重要？能让这么多人长时间地投入精力。当然，说法不一。比如，巨石阵是一种寺庙，18世纪人们普遍认为德鲁伊在此处做礼拜。虽然有证据显示那段历史还没有出现德鲁伊，但这个地方还是被用于宗教集会。

近来，人们发现巨石阵具有令人瞩目的声学特质，有专家认为这是巨石阵的真正作用。敲击石块就会发出能传达几千米远的独特声音。这难道是原始的交流工具，就像教堂钟声一样？

或者，巨石阵是上层人士的墓地？在巨石阵周围发现了几十个墓地遗址，也许当时这里的上层人士都被埋葬于此，以示悼念，就像埃及人将最重要的人物埋在金字塔里一样。

环形阵 在巨石阵的巅峰时期，它覆盖了索尔兹伯里平原的中心地带。中央的石碑具有显著的特征——最主要的是外围的石灰岩“砂岩漂砾”连在一起，还有水平放置的门楣（1），内圈是较小的“蓝色石头”（2），这可能是最古老的巨石结构，内层巨石牌坊如马蹄状排列（3），立于公元前2500年。这个地方存在了几千年，在不同的时间体现出不同的特征，包括分布均匀的坑洞，用于预测日食和月食。

长距离运输？ 有些蓝色石头重达四吨，据说来自普雷塞利山，距离索尔兹伯里平原240千米（约150英里）开外。可是，一些地质学家则认为是冰川时期的冰川运动将石头搬运到了巨石阵附近。

其他人认为巨石阵就是一个观测台。众所周知，这个地方的特征与太阳的升落方式相吻合，因此它可能作为夏至和冬至时期广受欢迎的集会点。由此，我们可以想象祖先利用这些石头来观察日月循环，预测月食和节气。另一个可信的说法是该石阵是新石器时代的一个健康疗养地。考古学家杰弗里·温赖特（Geoffrey Wainwright）和蒂莫西·达维尔（Timothy Darvill）认为这些从威尔士搬运来的蓝色石头具有疗养功效，因为它们原本靠近威尔士山区的温泉。

与之截然不同的是，有人认为这些石头就像机场的降落灯一样，是为了方便外星人着陆的。他们认为如此复杂的工程运输和排列只会出自外太空的智能生命。

祖先没有告诉我们巨石阵的真正用途，但我们对它的敬畏之心将永远持续下去。正如小说家亨利·詹姆斯（Henry James）所说："也许面对这些容易让人对亡者陷入严肃沉思的粗制巨石，你心中有无数的疑问，但笼罩着巨石阵的寂静阳光也会令你的好奇心慢慢归于沉寂。"

84 古代人类对新大陆的发现

未解之谜 罗马人到过美洲吗？

发生时间 约公元200年。

1492年，克里斯托弗·哥伦布著名的“发现”为美洲的殖民活动铺平了道路，我们有充足的证据证明他的航行并不是欧洲与新大陆的首次接触。几个世纪以前，北欧海盗也到过这里。但是否在几百年之前，罗马人比北欧海盗更抢先一步到达此地呢？

这个令人震惊的说法来源于20世纪一系列考古发现，最引人注目的或许是1933年出土于墨西哥城西南部托卢卡山谷的特卡克斯克头。这个陶制、有胡须的半身像据说是一个陪葬品，是从修建于1476年至1510年间的前殖民建筑物底下发掘出来的。专家分析显示这个头部雕像来自2世纪，属罗马设计。如果它不是20世纪30年代的骗局，那它一定是在1510年之前被埋入地下的——如果早于1492年，那就说明在哥伦布之前就有欧洲人到达了美洲（雕塑本身不能证明它是由罗马人带来的，因为它可以在1492年之后的任何时间被船运到美洲）。

但这并不是唯一与古罗马世界有关联的人工制品。比如，自20世纪70年代起，在巴西里约热内卢附近，就发现很多古希腊的双耳酒罐（陶制储蓄罐）被冲到了陶罐湾。学者们热烈地讨论它们的出产年代（有人认为它们来自15世纪的西班牙而非罗马帝国），陶罐湾成为声称罗马人最先到达美洲的人士的重要论据。20世纪80年代，美国淘金者罗伯特·马克斯与巴西官方发生争执，巴西官方称罗伯特从陶罐湾盗走“违禁品”，罗伯特反过来指控当局掩盖罗马轮船到过美洲的证据，以此维护葡萄牙人发现巴西的传统说法。

支持罗马人首次发现美洲的人通常声称，人们将不愿意改写历史作为压制证据的理由。有流言称，罗马人还发现了新英格兰和委内瑞拉，使得某些观察家相信沉默的背后有阴谋。迄今为止，我们只知道罗马人到达的西部最远的地方是加那利群岛——我们需要多么惊人的想象力才能接受罗马征服了大西洋，甚至是意料之外获得了成功？

大西洋的十字路口 有充分的证据表明 11 世纪斯堪的纳维亚 (1) 的维京人通过冰岛 (2) 和格林兰 (3) 穿越大西洋，来到了被称为荷鲁兰 (4) 和文兰 (5) 的地方。但古代地中海 (6) 的水手们能在一千年前就航行到远在巴西(7)的陶罐湾吗?

秘史 潜水员搜寻了巴西海滨，距离里约热内卢不远的陶罐湾的水域。有的人声称有关部门隐藏了该地区有古罗马船只的证据。

85 塔里木木乃伊

未解之谜 青铜时代，来自欧洲地区的人曾在中国出现过吗？

发生时间 约公元前1800年。

有人认为，中国与西方的首次接触是在公元前200年左右，直到13世纪或者14世纪才与欧洲建立紧密联系。但是塔里木盆地发掘的上千具木乃伊表明，更早的时候，疑似来自欧洲的人很可能就在此出现过。

在过去100年里，考古学家在中国新疆维吾尔自治区塔里木盆地南部和东部发掘出了大量木乃伊。最古老的木乃伊要追溯到公元前1800年，而最近的则来自公元前1世纪。该地干燥的气候和碱性土壤使许多尸体得以完整保存。头发的颜色有红色、金色和浅黑色，许多都显示出一定的欧洲人面部特征。其中一具木乃伊，身长1.8米，颧骨突出，鼻梁高挺，还长着姜黄色的胡须，穿着格子打底裤，看起来像典型的凯尔特战士——DNA分析的结果支持了这一猜测。

更古老的是一具女性木乃伊，1980年发掘于楼兰古城附近，据说死于45岁左右，长着一头红棕色的飘逸头发，身体特征偏于北欧人。供她死后使用的陪葬品包括梳子、羽饰以及一些当地出产的小麦。其余几千具木乃伊的DNA测试也显示了它们来自欧洲或中亚地区。宾夕法尼亚大学教授维克托·梅尔指出，公元前1800年左右，塔里木盆地最早的木乃伊有可能是来自高加索或者欧罗巴地区。

美国国家地理栏目的基因学家和人类学家斯潘塞·威尔斯（Spencer Wells）检测了塔里木木乃伊的DNA，结果表明塔里木盆地曾是欧洲人、东亚人、中亚人和印度人等许多人种的聚居地，并非只有一个人种。塔里木盆地最古老的小河墓地木乃伊的DNA检测显示欧亚人种的混血始自青铜时代。

由中国政府赞助的国家地理协会开展的DNA测验计划表明，在一个跨度更大的时间段里，塔里木盆地不仅有来自欧洲的，而且还有印度河谷以及美索不达米亚平原的人。显然，中国与外国民族的交往要远远早于之前大家的认知。

2007年9月，新疆牧民在盆地附近发现

时光之沙 塔里木盆地环境恶劣，只有勇敢的人才敢闯入。不过，沙丘之下埋藏的遗迹会为我们提供新的解读角度。

了一具木乃伊，这具木乃伊呈现了跟先前发现过的不一样的面貌特征。木乃伊的皮肤如纸一样薄，但保存完好，黑发向脑后束在一起，扎成一个马尾辫。专家认为，这名男子可能在地下埋藏了数千年。这具木乃伊与之前发现的木乃伊之间，存在什么样的关系呢？这值得我们进一步探究。

让我们追溯一下历史，公元前 138 年，汉武帝派遣张骞出使西域，尝试与西域联盟，这条横跨亚洲的路线为丝绸之路奠定了基础，而在塔里木发现的更多的木乃伊属于汉朝经略西域的这个历史时期。这些表现出不同外在特征的塔里木木乃伊之间，究竟有着什么样的身份和关系，至今仍然有待解密。

86 白公大铁管

未解之谜 中国的管类构造物是史前铸铁的证据吗？
发生时间 15 万年前。

21 世纪初期，有消息传，中国青海省白公山及其附近有许多管类物体。尺寸大小各不相同，似乎材质是锈铁，北京地质学院的团队认为它们出自 15 万年前。但是该地区仅在 3 万年前才有人类居住，而人们掌握冶铁术还远远晚于这个时间。

据说，白公大铁管总共有几百个，是由寻找恐龙化石的专家们首次发现的。许多铁管是从山洞里面显露出来的，其余的则与一个盐湖有关联，很多铁管都裸露在河床上和岸边，一些评论者则看出了布局的某种顺序。少数铁管的直径在一到两厘米之间，而大多数铁管的直径接近 50 厘米（约 20 英寸）。

许多年来，这个有趣的发现似乎不受官方的重视，但自 2002 年以来，越来越多的人开始关注它们的来源。到底是谁在那么久远的年代制作了这些物品？当然，这一定是某种高度智能物种的杰作，有人猜测符合条件的生命形式一定来自外星生物。又或者，是否有一种被人遗忘的早期人类分支具有进行这项工作的智力和技巧，但他们的技艺在无数代的后辈中失传了？

如果这些猜测在你的眼中很像科幻小说，那么别的说法则给出了更倾向于自然形成的解释。这些铁管是不是由地球中心喷发出来还未凝固的含铁混合物形成的？又或者它们是被雨水冲刷而形成的铁块？它们有可能是树根的化石吗？专家分析显示铁管中有植物的痕迹，也有一些东西看起来像树的年轮。可是大自然真的创造了这些充满人工痕迹的物体吗？

至此，没有人能确切地说出这些铁管是怎么制成的，是由什么人、什么物体以及是什么时候制成的，它们无疑是一个巨大的谜团。2007 年，报道指出某些铁管具有高辐射性，这又增加了它们的神秘色彩。如果能证明它们是人工制造而非自然生成的，那么我们对于整个人类史的观念将被彻底颠覆，甚至我们在宇宙中的地位也将被重新改写。

87 铁面人

未解之谜 传说中这位法国监狱里的囚犯究竟是什么人?

发生时间 约1698年。

经伏尔泰(Voltaire)发现，因小说家大仲马(Dumas)而闻名的铁面人，自从1698年被关押在臭名昭著的法国巴士底狱，直至1703年死亡，他的脸要么是被一块黑布遮挡，要么就是戴着一个铁制面具(具体的细节因描述人而异)，但是抓捕他的人都对他敬让三分。综合这些情况，有关他的身份问题引来大众持续的猜测。

有证据显示，该囚犯被困巴士底狱之前，还在其他几个监狱被关押过数年，他死时大概在45岁到60岁之间。1789年，法国革命的暴乱者从巴士底狱找到的记录显示，他是以马赫奇奥利(Marchioli)的名字下葬的。这让某些历史学家怀疑这个囚犯实际上是意大利的使者吉罗拉莫·马蒂奥利(Girolamo Mattioli)，他因泄露法国谈判购买卡萨来的曼图亚要塞的机密而获罪。可是马蒂奥利的罪行不足以解释他隐瞒身份的原因，也不能解释为什么他的主要看守(一个叫贝里涅·道维赫涅的男子)对他如此恭敬有加。

有人说这个囚犯在1670年左右被捕，当时他的名字是尤斯塔斯·道杰尔(Eustace Dauger)，被关押在现代意大利的皮诺罗要塞——一座臭名远扬的监狱，是法国视为羞耻的地方。有人说，道杰尔与所谓的“投毒事件”有牵连，这是一个敲诈法国高层人物的丑闻，其中涉及肉体折磨、投毒和恶魔崇拜。

许多人认为这个囚犯的身份大有来头。有人指出他是英国查理二世的私生子，涉及令人尴尬的英法关系。伏尔泰则认为铁面人是国王路易十四的私生哥哥，他的存在会让王位继承陷入麻烦。与之类似的说法认为，他是路易的哥哥或是他竞争王位的对手，又或者是唯一合法的继承人(这等于说路易是母亲安妮女王和其中一个情人的“私生子”)。甚至还有人猜测这名囚犯事实上是路易的亲生父亲，在美国流放之后回来，企图敲诈钱财。他的身份至今不明，这也是在考验以前法国王室掩盖此事的能力。

巴士底狱东面一瞥 画于1790年。这也许是巴黎最臭名昭著的地标，铁面人在这里住了约五年。

88 北欧的沼泽尸体

未解之谜 我们的祖先为了举行某种仪式而屠杀了他们的首领吗?

发生时间 约公元前8000年。

自18世纪以来，在冰岛、德国以及斯堪的纳维亚的沼泽地发现了大量保存完好的尸体，它们距今几千年之久。许多尸体显示出被暴打致死的痕迹，历史学家以及考古学家长时间思考这些人到底是谁，为什么遭到如此残暴的灭口。

据说总共有上万具沼泽尸体，最古老的要追溯到公元前8000年，大多数出自后来的铁器时代，也就是公元前1000年左右。许多尸体都得以完整地保存，还能清楚地看出指纹，甚至连头发和指甲都完好无损。在铁器时代，火葬十分普遍，而这种沼泽尸体则体现了某种特殊的仪式——严刑拷打和残酷暴力的证据可以证明这一点。

不可否认，我们缺乏当时的文字线索，不清楚这种残暴的仪式背后发生了什么。部分受害者被吊死或勒死，有的被殴打或割喉而死。很多人的身体上有多处刀伤，受伤部位包括心脏，部分人的四肢被戳了洞，还用绳子串起来。这是比直接杀人还残酷的暴行。在18世纪，有人指出这属于宗教祭祀中的人祭。其他人则怀疑这不是为了祭祀德鲁伊教的神而是为了安抚北欧人才将他们处死的。同时，一个截然相反的说法表明这些尸体要么是囚犯或逃兵，要么是其他被社会排挤的人。但是最近出现了一个令人震惊的说法：这些沼泽尸体是古代国王的吗?

乍一看这种说法似乎令人不可思议，但从这些尸体可以看出，这些人身材魁梧，有健康的饮食，双手柔软，这表明他们没有做过体力活。而且，在某些北欧文化里，古代的国王注定要为子民负责——如果部落出现干旱、疾病或者自然灾害，那么全部责任由国王一人承担。在一个异乎寻常的社会契约中，统治者享受好的生活，但同时他们也理解，如果出现差错，那么他们将承担最终的后果。面对这种情况，铁器时代的这些统治者只能默默地退位。难怪这之后的统治阶层都乐意看到这一传统从史册中被抹掉。

89 皮尔雷斯地图

未解之谜 16 世纪的世界地图证明在现代之前就已经有人探索过南极了?

发生时间 1513 年。

1929 年，一个在伊斯坦布尔托普卡帕皇宫工作的德国学者找到了一张非同寻常的地图，是由土耳其制图员兼水手皮尔·雷斯在 1513 年绘制的世界地图。这张地图有许多神秘之处，它早在官方“发现”南极的 300 多年前就绘制出了南极。这会不会是古代知识的记录?

这张地图绘制在羚羊皮纸上，上面还有文字记录了皮尔如何结合了 20 张原始地图来绘图，这 20 张图的其中一张属于克里斯托弗·哥伦布。至少，这张地图让我们了解到 16 世纪初世界的样子，但皮尔如何获得这些宝贵的资料始终是个谜。

“南极”问题引来了诸多争议。人们普遍认为，直到 19 世纪早期，我们才发现这片荒无人烟的陆地，而且绘制这片冰雪覆盖的大陆需要很多年的时间。可是人们认为皮尔·雷斯地图上的海岸线与如今南极毛德皇后地（1891 年才发现的地区）的海岸线相吻合。似乎这一点还不足为奇，甚至有人指出皮尔绘制的海岸线上的冰床自公元前 4000 年以前就存在。这种违反常理的现象该如何解释呢?

怀疑者称画上的陆地根本不是南极，而是绘图失误的南美洲。但并不是所有人都敢肯定。他们猜想，是否有一种远古的海上文明，他们航行到了这个地方，并绘制了地图，而皮尔恰好偶然获得了这个地图? 在金字塔时代之前，是否就有人在海中航行并绘制了远方大陆的地图? 作家艾利希·冯·丹尼肯（Erich von Däniken）甚至指出最有可能的早期航行者来自外太空。加文·孟席斯（Gavin Menzies）在《1421》中将故事提到了与我们更为接近的时间，指出这种绘图只有可能是郑和大将军领导的超级先进的中国舰队绘制的。他指出，这些要先进得多的水手早在我们公认的先驱之前就发现了美洲、澳大利亚和南极。不管是有意还是无意，皮尔留给我们的地图都是在试图阐释这个世界，可它却为我们制造了更多的难解之谜。

90 费城实验

未解之谜 美国政府把驱逐舰“艾尔德里奇号”“变没了”并送走它了吗？

发生时间 1943年10月28日。

世界上伟大的科学家一直都着迷于将物体隐形的能力。虽然哈利·波特式的隐形斗篷遥不可及，但是科学家们正在开发一种材料，它能使物体周围的光线弯曲。然而，70年前，美国海军是不是在一艘巨大的轮船上实践了这种想法？更为神奇的是，这艘船还成功地进行了跨国传送？

在任何人看来，这种实验都是非常令人震惊的。1943年，美国驱逐舰“艾尔德里奇号”接受了一项实验，在这个实验中，轮船是完全隐形的，除了船体在水中的倒影。它不但隐形，而且还从宾夕法尼亚州的费城传送到弗吉尼亚州的诺福克，然后返回费城。如果你相信这个故事的话，那么这场实验的结果，最后是以灾难告终的，给全体船员带来了毁灭性的伤害。

据说这件事发生在1943年10月28日的费城海军船坞。在此之前，“艾尔德里奇号”就经受了一系列测试，有一次它几乎要消失在朦胧的雾中了。有人指出“艾尔德里奇号”被传送到320千米（约200英里）之外的诺福克，目击者是“安德鲁·弗鲁塞斯号”上的军人。“艾尔德里奇号”被传送回费城后，它的船员都处于惊愕的状态——有的人被嵌在船体中，有的人完全消失了，有的人出现可怕的身体症状，还有的人接近发狂的状态。

那些认为该实验真实存在的人指出其科学根源来自统一场理论。该理论在于用数学来描述看似不可调和的引力场和电磁场的相互作用。爱因斯坦在晚年花费大量时间想要完善这个理论，直到他去世，大家普遍认为他的追寻到此为止。可是，有人指出爱因斯坦实际上已经完成了目标，只是在他去世前销毁了证据，因为他认为人类还没做好解决问题的准备，这是否有可能呢？他是不是最先和美国国防部的成员分享了知识的成果？我们知道1943年他在美国海军部工作，但这只是为了开展炸药方面的研究。

美国海军部一直否认开展了这个实验。他们认为这种想法很可笑。他们称，“艾尔德里奇号”并没有去过费城，而且在关键时刻，“安德鲁·弗鲁塞斯号”也没有去过诺福克。并且，

如图所示 主图：费城的海军船坞。嵌图：1944年的“艾尔德里奇号”。一年前，它真的是美国政府那场非凡实验的中心吗？

智囊团 阿尔伯特·爱因斯坦从未完成过他的统一场理论。然而，有人认为它为费城实验提供了理论平台。

没有调查隐形或传送的计划，当时并没有哪种科学（至今也没有）能做到此点。不可否认，“艾尔德里奇号”是停在了“恩斯特龙号”的旁边，这艘船要消磁，因此需要一个电磁场来“隐藏”轮船，以免受到磁性水雷的伤害。也许这个相对级别较低的国防工作被大肆地渲染，才编成了如今的费城实验故事？

如果10月28日的惨剧是真实发生的，那么“艾尔德里奇号”的过往船员又怎么会保持沉默呢？难道正如一些评论者所说，他们被神秘力量统一洗脑了？这个故事在20世纪50年代通过UFO研究者莫里斯·K.杰赛普（Morris K.Jessup）而首次引起公众的关注，莫里斯与一个神秘人物卡尔·艾伦（Carl Allen）通信。艾伦称他在登上“安德鲁·弗鲁塞斯号”时目睹了船的传送，虽然他的说辞可信度不高，提供的证据也无法让人信服，但他却受到了海军高层的关注，而这个举动在某些人看来又增加了其证词的可信度。

整个故事会是个骗局吗？也许是。还有大量研究人员深信费城实验真实存在，过程与目击者描述的一样匪夷所思。毫无疑问，当中有一些人在撒谎，还涉及一些因谣言而兴起的经济利益，还有一些持有正当理由的人士指出20世纪中期的大国热衷控制科学发展的方向，让它朝着有利于军事的方向发展。为什么美国就不会设法让海军舰船消失呢？而且，他们怎么可能会对外坦诚（尤其是当测试出现重大错误的时候）或者留下纸质痕迹让后辈的历史学家从中受益呢？在费城实验这个案例中，军舰是否被隐形技术隐藏起来，它的真相很难辨别。

91 都灵裹尸布

未解之谜 据传能显示出耶稣被钉十字架图像的裹尸布的真实来源是什么？

发生时间 大胆猜想。

都灵裹尸布是备受争议、世界闻名的宗教遗物，它被保存在圣约翰大教堂的地下室里。这张长方形亚麻布的正反面都有一个人被钉在十字架上的图案。怀疑者称这是历史上最大的骗局，但有关这种引人注意的图像出现的原因还缺乏令人满意的解释。

这张裹尸布长 4.2 米（约 14 英尺），宽 1.1 米（约 3.7 英尺），展示了一个人被钉十字架的阴影画面。虽然它长时间以来作为基督教圣物备受人们的敬仰，但它真正出名是在摄影术出现后，布上那著名的画面才进入公众视野，之前用肉眼几乎无法辨识。1898 年，意大利创新摄影师皮亚得到了拍摄这块亚麻布的许可。当他展开画布的时候，眼前出现的图像令他惊讶万分。他是首位目睹耶稣真正形象的现代人吗？裹尸布上的图案是在耶稣复活的瞬间形成的吗？

当然，很多人不同意这种推测。他们认为这种推测缺乏确定的历史依据——裹尸布有记录的历史怎么算都到不了耶稣的时代，大众认为耶稣在公元 33 年被钉十字架。我们只能确定在 1390 年之前，这个遗物一直被保存在法国的雷内教堂（讽刺的是，一封来自当地主教的信指责说这是某位艺术家制作的赝品）。之后，1453 年，它又流转到萨伏依王朝。自 1578 年以来，被保存在都灵教堂。1983 年，裹尸布作为礼物被送给了梵蒂冈。

裹尸布的方方面面都备受争议。据说，布上红棕色的污迹是人血（一种罕见的类型，在形成“耶稣形象”之前，就被浸在了画布里）或者是赤铁矿（一种氧化铁）与颜料的混合。对人像是怎样被人工印上去的并没有一致的看法，甚至最愤世嫉俗的人也不愿意说这是中世纪的手艺人直接画上去的。

这个络腮胡的男子形象与《圣经》中被钉十字架的耶稣十分吻合。此外，布上明显有被荆棘王冠刺穿的痕迹（这一元素并不会在标准的十字架刑罚中出现），另外可以看出被裹住的人侧身有长矛刺伤，膝盖有伤口，仿佛这个人跌倒过很多次。另外，在十字架上钉住耶稣

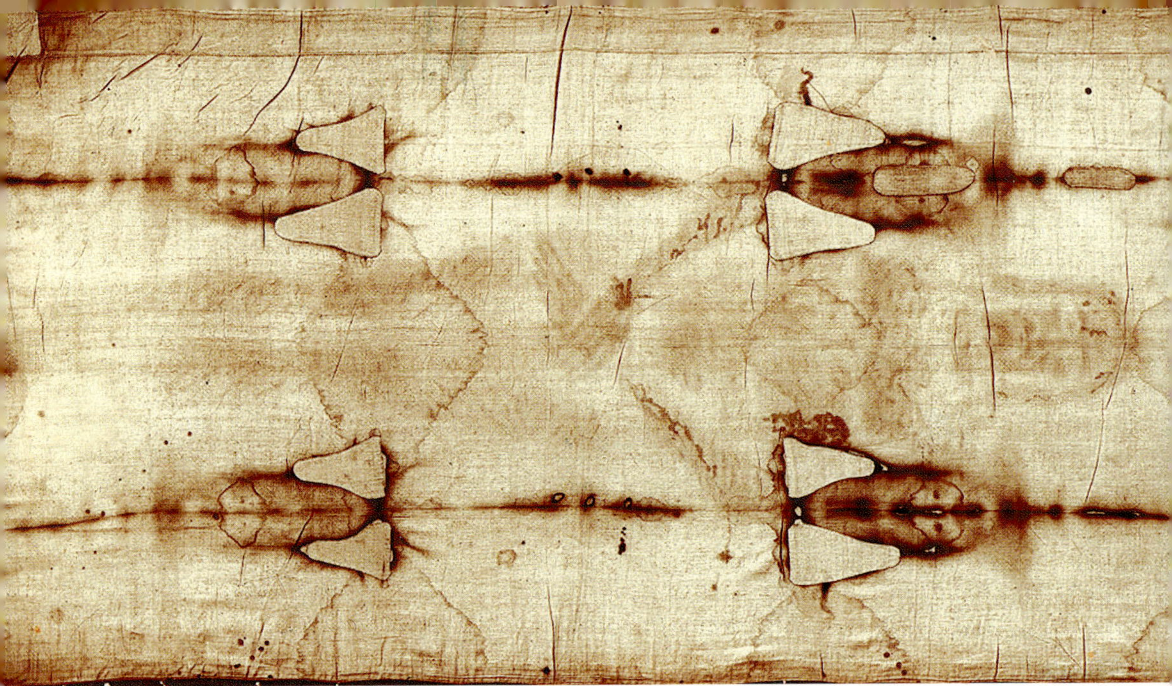

神秘的裹尸布 上图：将裹尸布这样展开，前后的图案都清晰可见。对页图：1898 年意大利摄影师塞孔多·皮亚（Secondo Pia）拍摄的负片图像，展示了裹尸布的细节。

的钉子造成的穿刺伤口在裹尸布人形的脚上可以找到，而且最重要的是在手腕的位置也找到了这样的痕迹。众所周知，这就是真正的罗马十字架酷刑，但大多数中世纪的记载上显示耶稣的十字架是从手掌穿过的。这个关键的细节证明了裹尸布并非来自中世纪。

一时之间，似乎怀疑者赢得了胜利。1988 年，牛津大学、亚利桑那大学和瑞士联邦理工学院对裹尸布进行了碳年代测试，指出这块亚麻布来自于 13 世纪或 14 世纪，绝不可能早于这个时间。据说，这个裹尸布是中世纪的赝品。但裹尸布的坚定维护者称碳年代测试不可靠。

比如，2014 年都灵理工大学的研究团队指出，古代地震爆发释放的辐射也许导致了 1988 年的错误测试结果，裹尸布上神秘的男性负片影像有可能是地震释放的中子和氮元素的核子作用的产物。总而言之，他们认为裹尸布很可能就是信徒口中的圣物。

其他人指出，从裹尸布上提取的碳样本经过了早期的修复。1532 年，裹尸布还在一场大火中免于焚毁，有人据此认为这会影响现代的测试结果。此外，有些专家还指出布的材料上独特的人字形编织法像是更久之前的古代做法，而不是中世纪的（而且这块布不便宜，可能是一个富有的亚利马太商人约瑟夫捐给耶稣的礼物）。还有证据显示裹尸布上有来自耶稣时期耶路撒冷的植物花粉，这种花粉在中世纪的欧洲很不常见。

有关裹尸布真实性的争论仍在继续，但是目前的科学无法解释裹尸布的时间和出处，也无法解释上面的图案是如何形成的。在这种情

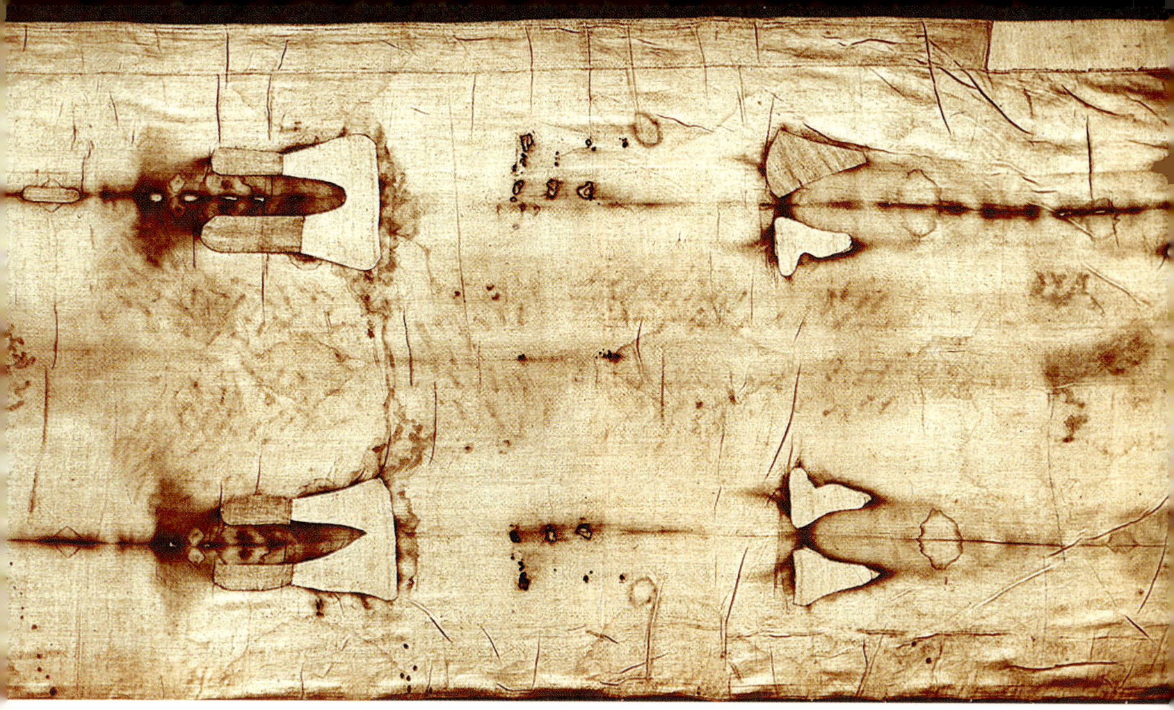

况下，有趣的是，即便是天主教教会也没有正式判定它的真实性。

现任教皇将其描述为“圣像”，并成为全球追随者的试金石。都灵裹尸布当然是一种现象，但到底是何种现象值得这么多人关注呢?

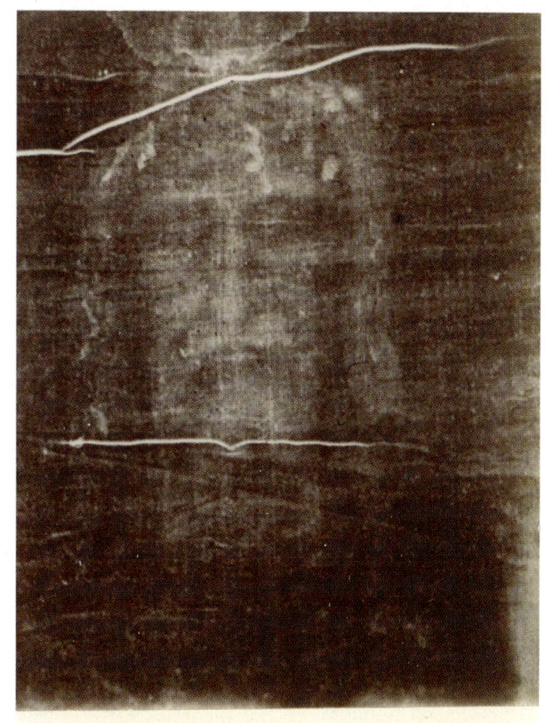

Torino - S.S. Sindone - ingrandimento Sacro Volto
dal negativo originale

92 太空信号

未解之谜 俄亥俄州立大学的无线望远镜捕捉到的信号能证明外星存在智能生命吗？

发生时间 1977年8月。

1977年是人类登上月球后的第八年，一队学术专家运用顶尖的科技从外太空搜集信号。他们希望找到外星智能生命的证据，但是没有人认为会如愿。然而一个叫杰里·伊曼（Jerry Ehman）的天文学家发现了一张令他瞠目结舌的打印图，一次伟大的外星生物探秘由此开始。

从1972年到1997年，俄亥俄州立大学主导了史上最长的单一SETI（搜索外太空智能生命）计划。最打动人心的工具便是所谓的“大耳朵”射电望远镜，视角范围相当于三个足球场。将它固定在一个位置，通过地球的自转来观察太空中任何一个目标，持续时长为72秒。

1977年8月15日，伊曼开始解读这个决定命运的数据图纸，他发现了一组字母和数字的排列：6EQUJ5。他立马意识到了这其中的蕴意，用红笔圈出来之后在旁边写了一个感叹词“wow!”——无意中给这个信号创造了持久的外号。“6EQUJ5”究竟特殊在何处？简言之，这个超强的信号，持续了整整72秒钟，也就是望远镜的极限值，这种频率是否来自一个有智慧意识的星球。如果一个外星人向地球人广播，那么他使用的就可能是这个频率。

通过研究数据，俄亥俄的研究人员断定“Wow!”来自人马座，靠近斗宿五（TauSagittarii）的星球。他们接下来重新搜索该信号，做了不亚于100次尝试，都以失败告终。那么它是不是地球上的信号通过外太空反弹到地球的呢？有可能，但是支持这种猜想的证据不充分。飞机和广播装置都无法以那样的频率广播，也没有东西显示该信号是通过某种天体或者太空残骸反弹到地球的。

假设它来源于太空中某个未知的源头，那么这个信号有可能只出现一次。或者，它出现的频率极低。这样就可以解释为什么至今还无人再次接收到这种信号。伊曼本人拒绝过度沉迷于研究“Wow!”信号。正如每一个优秀的科学家——用他自己的话说——不会“在数据不充分的情况下妄下结论”。

解码 这就是杰里·伊曼发现并用红笔将加码数据圈出来的打印纸，他在空白处写上了如今举世闻名的感叹词。

93 纳粹不明飞行物？

未解之谜 希特勒打算用飞碟袭击他的敌人吗？

发生时间 1941年到1945年。

有文件清楚地显示，在第二次世界大战后，美国政府雇用的德国工程师在秘密飞行器、原子弹及登月竞赛等项目中起到了关键的作用。人们普遍怀疑政府掩盖了科技的发展，因为政府认为公众还没准备好接受这些科技。德国的“飞碟”是否是其中一项惊人的发明？

1945 年 8 月，总统哈里 · 杜鲁门批准了回形针计划（Project Paperclip），与纳粹有牵连的 700 多名科学家被秘密运出德国，来到美国。这件事情备受争议，人们指控美国单方面“纵容”大量战犯。然而，他们带来的知识强化了美国几十年来在全球的霸主地位。在“二战”的进程中，希特勒将科学家逼到极限，要求发明超级武器以确保战争胜利，V2 火箭和早期的喷射战斗机都很出名。

但还有更多其他不可理喻的计划，战后的美国政府不愿意向公众透露其中的细节。比如，希特勒想用飞碟轰炸伦敦和纽约的荒谬计划。这听起来近乎疯狂，但现在有证据显示，当时纳粹党的战争机器几乎就要成功地实现这一目标。1944 年，《纽约时报》报道有人看到伦敦泰晤士河上空有 UFO。据说，外形很像钟，周围的环形机翼约 6 米（20 英尺）长。还有很多报道称布拉格上空也出现了类似的飞行器。

这些目击者（至少在布拉格的目击者）看到的计划产物似乎是两个柏林顶尖的工程师主导的，他们是鲁道夫 · 施里弗（Rudolf Schriever）和奥图 · 哈柏摩尔（Otto Habermohl）。当时他们研制的“飞碟”似乎有远远领先于时代的垂直起飞能力，可以高速飞行，也可以低空飞行。如果在盟国的首都大肆轰炸，无疑会造成大量死伤，引发群众恐慌。

施里弗后来称制造这种飞行器的计划在 1945 年被窃取了，一些观察者坚信这些计划被送到了美国。甚至还有人认为 1947 年罗斯威尔事件并非与外星人有关，而是纳粹设计的飞碟测试——关于这个计划，官方需要掩人耳目是意料之中的。

“钟” 据某些研究者称，纳粹德国空军秘密地在德国和捷克边境研发了这款高科技、抗地心引力的飞行器。其称呼在德语中是“钟”的意思，“钟”由两个反向旋转的部分组成，里面装满了导电的液体。可惜，当时没有记录证明它的存在，但人们认为它就是战争期间不明飞行物报告里提到的奇怪对象。

飞碟 萨克 AS-6 是一个带有环形机翼的古怪的飞行器模型，由工程师亚瑟·萨克研发。1944 年，在德国东部的布兰迪斯空军基地进行了一次飞行器载人测试，飞行测试终告失败，飞行器很可能于 1945 年被摧毁了。

94 陶斯之声

未解之谜 为什么新墨西哥州一个小镇上的部分居民总是听见一种持续低频的噪声？
发生时间 首次报道出现在1992年。

20世纪90年代早期，新墨西哥州陶斯镇出现了一系列报道，他们抱怨总是听到一种钻进脑袋的连续低鸣或者嗡嗡的噪声。镇上只有少部分居民遭遇了这种痛苦，但这足以引起人们的不安。是什么导致了这种问题？是心理作用吗？ 甚至是某种邪恶势力在作祟？

宜居的波西米亚陶斯镇绝非唯一遭受“噪声”侵扰的地方。有一个大规模项目试图找出世界上所有饱受低鸣干扰的地方，自20世纪70年代早期以来，在十几个地方都发现了这种现象，比如北美、英国、爱尔兰、澳大利亚和新西兰。

陶斯镇有2%~10%的人口能听见这种声音，频率在40~80赫兹。研究数据显示，年龄偏大的妇女是最主要的受害者。大部分人是这样描述噪声的，就像屋外持续发动的汽车引擎，或者像站在输电线底下一样。它会给人的日常生活带来不快和烦躁，但还不至于令人神经衰弱。

有关这种现象的成因，大规模耳鸣的可能被排除在外。据显示，受害者本身可能正在经历自发的耳声反射。也就是说，他们听到的噪声是从自身的耳朵里发出来的，在嘈杂的现代生活中，通常大部分人会将这种声音过滤掉。然而，这无法解释为什么这种现象只局限于某个地方爆发。

一些外星人笃信者认为这种噪声是外星人在建立地下基地，或者是政府在当地发起的心智控制实验。其他人则提出了更为平常的解释——通常都认为这是工业或农业机械发出的，只会穿透一千米之外的某一部分人的耳朵。陶斯之声正如世界上其他声音一样，不过是一种幻听，由于谣言的传播，才影响到了更多的人。

如今，无人敢肯定是什么引发的这种噪声，在找到原因之前，有关它来源的猜测还将继续。

音量控制 不管全球报道的“低鸣声”是源自外太空还是因为受害者本人的心理因素，坦言受到影响的人不在少数。

95 消失的蜜蜂

未解之谜 是什么导致了全球蜂群的集体灭亡？

发生时间 21 世纪初。

如果你认为大规模的蜂群消亡只会影响到蜂蜜嗜好者的话，那么请再慎重地思考一下。在全球各地，蜜蜂为我们赖以生存的农作物传粉，自 21 世纪初，它们大量消亡的数字令人担忧。但是想要找到问题的根源是一件非常困难的事情，尤其还牵扯到商业和其他各种利益。

蜂群衰竭失调（CCD）现象首次出现在北美，不计其数的蜜蜂不明原因地死亡，大部分都位于以往的蜜蜂聚集地。不久之后，欧洲也报道了同样的事件。世界上大约有 75% 的农作物需要授粉，这就是为什么蜂群失调会给人们带来大麻烦：一些环境学家指出，如果蜜蜂死了，那么人口也将随之锐减。

没人敢肯定地说这是由某个单一原因造成的，但人们提出了许多“主要的罪魁祸首”，包括栖息地的破坏、疾病、螨虫、寄生虫、外来蜂种的引进、转基因农作物增多，甚至移动手机基站的增建。可是，很少有人怀疑某些常用的杀虫剂能导致蜂群衰竭失调，尤其是所谓的新尼古丁类杀虫剂。2014 年，哈佛大学公共卫生学院的陆辰生说道：“尼古丁杀虫剂很有可能是‘蜂群衰竭失调’的罪魁祸首，因为在冬天到来之前，蜂箱里的蜜蜂都是毫无异常的。”

但是控制杀虫剂使用的做法遇到了很多阻碍。2013 年，欧洲食品安全局首次宣布在两年内禁止三种尼古丁杀虫剂的使用，但遭到八个欧盟成员的反对，理由是缺乏决定性的科学证据。

同年，蜜蜂保护联盟和环保团体起诉美国环境保护局没有颁布类似的禁令。环境保护局回应蜂虱才是罪魁祸首，并指出责怪杀虫剂是一种言过其实的说法。显然，发展中国家和发达国家的现代农业依赖于化工厂提供的杀虫剂，而这些化工厂实力雄厚，具有强大的影响力。但是，让商业实用主义阻碍解决可能导致灾难性后果的问题肯定是不理智的。

96 钍核裂变

未解之谜 为什么一种清洁、安全的潜在能源被边缘化了？
发生时间 自 1945 年以来。

毫无疑问，当今的世界正面临能源危机。我们过度地依赖化石燃料、有潜在灾难性的核能以及其他未经证实的或者有限的能源，这样容易引发自然灾害。钍核支持者认为，为核工厂提供燃料，钍比铀更高效安全。那为什么世界各国政府不采用这种材料呢？

不断膨胀的人口需要更多能源，而我们在提取能源的过程中问题重重。钍似乎可以解决这个问题，尤其能与当今的主导核燃料——铀媲美。据估计，钍的储量是铀的四倍，支持者还称，钍是更容易获取、更加清洁的矿产。澳大利亚和美国的储量最多，占世界总储量的 1/3，这可以减少对政治动荡地区的依赖。与铀和煤矿相比，钍具有更高的生产效率，同时产生更少的废料。这些废料更不容易被利用制成武器。

第二次世界大战之后，美国政府投入大量资金研究钍，从 1965 到 1969 年期间，在橡树岭国家实验室建立了测试反应堆。但在 1973 年，华盛顿彻底叫停了整个研究计划。其他发达国家也同样举棋不定，直到近来印度等新兴经济体开始研究钍，他们才重新深入研究。为什么这种颇具开发潜能的材料让人们犹豫不决呢？

有关阴谋论的猜测铺天盖地，还有很多人怪罪既得利益。能源生产面临困境，这是一个暴利产业，也是影响世界各国政府的杠杆。依靠传统能源获利的产业是否想要消除这个竞争对手呢？尤其考虑到将它开发成商业用途需要巨大的成本。如果是经济方面的顾虑打消了其可能性，那么问题来了，我们能否承担得起不投资的后果？或者它不适合用于制造核武器，因此才失去了某些政府的支持？这种说法令人失望，却无法否认。世界核能协会确定钍能“长久地提供巨大的能源安全”。那为什么至今仍鲜有人知？

97 赤雨

未解之谜 印度赤雨是否证明了地球之外还存在其他生命？
发生时间 2001年7月到9月。

2001 年 7 月 25 日，鲜血般红色的雨降落在印度西部的喀拉拉邦（Kerala）。雨水将人们的衣服染成了粉红色，深红色的雨浸染了树叶。接下来的两个月迎来了更多的降雨。这种非同寻常的赤雨是否说明我们的生命起源于外星生物？

历史上有很多赤雨的记录，通常人们将此归咎于云层中的灰尘或沙粒。所以当喀拉拉邦经历了这场赤雨之后，人们也认为是同样的原因。如果这些沙粒的来源不是阿拉伯的沙漠，那会不会是来自菲律宾最近的火山喷发？这种解释似乎很符合逻辑。但是当我们把雨放到实验室检验时，却发现红色的物质并不是沙粒或尘土。实际上，它们具有生物属性。

印度政府发起了一项联合研究，由地球科学研究中心和热带植物园研究所联合进行，结果发现雨的颜色是由空中传播的孢子导致的，孢子来源于当地普遍存在的某种藻类。但即便是报告的作者也无法解释在何种条件下云层才会吸纳并传播这种孢子。

2003 年，来自喀拉拉邦圣雄甘地大学的两名物理学家戈弗雷·路易斯（Godfrey Louis）和桑托施·库马尔（Santhosh Kumar）想到了另外一种解释。据报道，下雨之前伴有巨大噪声，他们指出这种物质来自喀拉拉邦上空的流星爆炸。2006 年，他们提出了更惊人的假设，来自流星的生物物质造成了这种雨，而流星上似乎没有地球上的 DNA。换句话说，这种雨中蕴含了一种外星生命。

虽然部分科学家对此存有疑虑，但路易斯和库马尔仍然有一些忠实的支持者。特别值得一提的是，他们还受到了“有生源说”拥趸的支持，他们认为地球上的生命都来源于宇宙的其他地方，通过彗星撞击被带到地球。2001 年，外星生命有可能在印度上空降落到地面，而我们可能是它们的远亲。

外星人？ 这幅显微镜下的图展示了2001年喀拉拉邦赤雨后收集的颗粒。在历史上也曾有过“赤雨”的广泛报道，它们真的是被彗星或者流星带到地球的外星人细胞吗？

98 海洋怪声

未解之谜 太平洋底下发出的断断续续的奇怪噪声是什么发出的?

发生时间 1997 年。

1997 年夏，美国国家海洋和大气管理局（NOAA）操作的太平洋水下麦克风捕捉到了一种古怪的噪声，持续了约一分钟的时间，随后快速增加了频率，接着一切又归于平静。这种海洋怪声彻底消失之前，人们在余下的夏季时间里还听到了类似的怪声。到底是什么造成了这一听觉谜团?

世界上约有 95% 的海洋有待人类探索，这意味着我们对海底世界的了解还远远不够。只需要在当地的水族馆瞧一瞧，你便会发现一些奇怪的鱼，继而意识到海洋世界充满了难以想象的神秘而又奇特的生物。因此，听见海洋怪声的人能被激发出如此丰富的想象毫不奇怪。是什么引起了这种奇怪的声音呢? 我们毫无头绪。听见这种声音的人坚信这是一种有意识的生物发出的，然而数据显示这种声音比最大的鲸鱼发出的声音还要响亮。如果是某种生物发出的，它要么十分巨大，要么就具有未知的发达的水下发声能力。美国国家海洋和大气管理局是否发现了这种惊人的海洋巨物，或是体型较小但高度发达的小怪物?

答案是“有可能”。相隔 5000 千米（约 3000 英里）的监听站都捕捉到了这种噪声，还有些故弄玄虚的人指出这种声音是神秘的克苏鲁发出的，克苏鲁是恐怖小说家 H.P. 洛夫克拉夫特（H.P.Lovecraft）书中的怪物，被囚禁在南太平洋消失的城市拉莱耶（R'lyeh）。更为严谨的分析者们认为，可能确实存在某种未知的非凡物种。

然而其他科学家不相信这种声音是有机体发出的，他们认为这是冰层破裂的声音。换句话说，我们不必担心海怪，而要把时间用在解决气候变化和极地生态系统遭到破坏的问题上。不管这种能引起争论的声音是怎样发出的，我们能确定两件事情：地球上存在我们还无法理解的事物，此外，当它与我们交流时，我们应该好好听听。

海底的声音 美国国家海洋和大气管理局做的声呐分析捕捉到了海洋怪声。是什么引起了这一水下发声现象？

99 通古斯大爆炸

未解之谜 是什么让俄国的森林遭遇大规模的破坏？

发生时间 1908年6月30日。

1908年6月30日，西伯利亚通古斯河附近发生了一件无法解释的事情，破坏力比投在广岛的原子弹还要强数倍的巨大爆炸席卷了面积2100平方千米的森林，它的冲击波威力相当于里氏5级地震。到底发生了什么？

令人难以置信的是，这次爆炸没有造成任何死伤，这在很大程度上归功于该地较低的人口密度。这也是人们对这个公认的严重“冲击事件”（几乎是人类历史上与地球有关的最大爆炸）缺乏研究兴趣的原因。但是有人指出，这可能是官方有意为之，不愿被追究责任。

极少数人目睹了此次爆炸，他们讲述道，天空中闪过一道光，还发出类似大炮的声音，几分钟后，空中出现了一道强烈的蓝白光柱。然后，在方圆几百千米的范围内都能感觉到震波。爆炸产生的灼热能量点燃了树枝，树木仿佛从根部被直接斩断了。

整整13年，没有人深入研究通古斯到底发生了什么，直到1921年一个叫列昂尼德·库利克（Leonid Kulik）的地质学家认为这是陨石坠落。这种解释比当地人的说法更具可信度，因为他们认为这是“Ogdy”神的报复。然而，又过了六年，库利克才在莫斯科筹到资金，继续验证他的假设。令他吃惊的是，他没有发现小行星撞击的陨石坑的证据。最后，这片毁坏的森林呈现出了蝴蝶状的阴影，横跨64千米（约40英里），长48千米（约30英里）。

1930年，出现了一种新的论点，它是由英国天文学家弗兰克·惠普尔（Frank Whipple）提出的。他认为这并不是流星造成的，而是一个冰冻的彗星。这种说法引起了几十年的学术辩论，直到今天还在继续。当今的主流看法认为这个破坏是空气爆裂造成的——小行星进入地球表面大气层时产生了炽热压缩的空气。有可能这种小行星在到达地表之前就已经燃烧或爆炸了，因此没有留下陨石坑。

当正统科学界在争论到底是彗星还是小行星撞击地球时，其他说法也涌现了出来。当然有的理论来自旁门左道，却不无道理。20世

北冰洋
西伯利亚
雅库茨克
观测点
俄罗斯
撞击点
克拉斯诺雅茨克
贝加尔湖
哈萨克斯坦
中国
蒙古共和国

钻研精神 列昂尼德·库利克是首位认真研究通古斯爆炸的地质学家，虽然这已是在该事件发生的13年之后。

纪80年代晚期，一项研究显示，彗星进入大气层时引发了一种奇怪的核融合反应。其他人则认为这场爆炸是地壳中大量天然气的自发释放和燃烧的结果。

20世纪70年代，一组来自得克萨斯大学奥斯汀分校的研究团队甚至提出了世界末日的猜测，他们认为黑洞经过了我们的星球。许多同行研究者认为这种说法极为不可能。不可避免地，UFO研究者们相信这是一个偏离轨道的宇宙飞船，迫降到当时的俄国不为人知的地方（飞船在撞击后解体，所以人们并没有找到任何实际的证据）。

更有趣的是，有人将通古斯爆炸归咎于塞尔维亚裔美籍天才科学家尼古拉·特斯拉（Nikola Tesla），他因发明交流电著称，就职于美国。特斯拉本人早就说过，他创造了一种“死亡射线”——潜藏巨大能量的武器。抛开这些反常的说辞，特斯拉是一个在科学上极具发言权的人，他的“死亡射线”吸引了世界强国政府的注意。有人说，他在1943年去世后，有关描述该武器的文件都秘密消失了。难道他在1908年测试发明时，对测试结果不满意，于是将它拆卸了吗？

这看起来像科幻小说，事件已经发生了一个多世纪，但有关它的成因，至今仍然没有统一的说法。由于震级强大，人们很难理解为什么过了那么长时间才开始研究通古斯爆炸，就算20世纪初俄国社会动荡，也无法合理地解释这一现象。是不是当时的秘密势力其实对事情了如指掌，但不愿意承认？又或者，他们害怕担负什么责任，才决定对此事睁一只眼闭一只眼？

100 世界末日

未解之谜 人类还能活多久？
发生时间 这就是问题所在！

人类似乎非常热衷于预测自己的末日——要么因为洪水或饥荒，要么因为战争、瘟疫或者其他某种灾难。迄今为止，我们很幸运，因为这些预言都没有应验：你只须想想那些深信末日已经不远，却又不得不从山顶拖着沉重的步子下到山脚的人。但如果有一天，我们的末日真的到来了呢？

2012 年，根据伟大的玛雅预言，很多人都深信我们面临即将到来的世界末日。2012 年 12 月 21 日过去后，我们大家都松了一口气。但如果我们认为人类不可能灭绝的话，又显得我们极其自傲。比如，我们知道曾经统治世界的恐龙就是这样灭绝的，事实上，地球上大约 99% 的物种如今都已不复存在。甚至还有人认为我们没有发现外星人并不能说明他们不存在，而是说明他们整个物种完全毫无踪迹地消失了——这是个很令人警醒的想法。

要预测我们的末日，面临的困难是，历史上并没有这样的先例。用来做预测的准确的概率模型所需的数据根本不存在。而且，还有许多不可测量的因素：人类在基因上会如何进化来应对威胁？我们对于这些威胁的研究会改变它们的发生概率吗？我们会被某个未知的东西毁灭吗？（美国前国防部长唐纳德 · 拉姆斯菲尔德所说的某个“未知的未知”）？

全人类面临着生存风险，许多伟大的研究者都设想过人类的灭亡。看看牛津大学人类未来研究所或者剑桥有关生存风险的项目，你就明白了。人类会怎样走向灭绝呢？令人不安的是，有太多种可能。

首先，我们有 H.G. 威尔斯（H.G. Wells）的科幻小说系列——外星人入侵。然而，由于我们至今未与外太空生命有过任何接触，因此这不应该是我们首先担心的问题。一个更加合理的担忧是与大行星或者彗星相撞——我们有充足的证据证明远古的恐龙就是因此而灭绝的。或者，众所周知，太阳在持续发热，当它的体积越来越大，温度越来越高，那么人类生存的概率将越来越小。地球附近体积稍大的超级行星的爆炸也有可能产生致命的伽马射线，继而毁灭我们的星球（庆幸的是地球周围目前

末日将近 世界上不乏关于人类灭绝的声音。这种讨论，直至今日仍在继续……末日到来的时间和方式引发了激烈的讨论。

消亡殆尽？ 少部分人开始怀疑过度燃烧化石燃料将严重破坏人类的未来，虽然这并不一定会让人类灭绝。

还没有此类行星）。

然后就是当地的自然威胁——超级火山、巨大的海啸、地球磁极掉转、流行疾病，以及地球的生态系统崩溃。接下来就是人类带来的威胁，比如战争（尤其是核武器和生化战争）和恐怖主义。同时，一些生存风险研究专家尤其担心科技发展带来的不可预见的后果——将来有一天，我们是否被自己创造出来的人工智能打败？合成生物技术是否会带来致命的疾病？我们怎样保证不滥用纳米技术？

对于那些神经敏感的人，他们可以感到很欣慰，因为世界末日什么时候到来还没有定论。比如，2013 年苏格兰圣安德鲁斯大学的科学团队表示，20 亿年后，太阳的温度才会使海洋蒸发，并无法提供植物赖以生长的二氧化碳。就在几年前，全球灾难风险性会议在牛津召开，会议预测人类将在下个世纪遭遇 19% 的灭绝风险——如果这就是你抽中大奖的概率，那么你应该感到庆幸。最可能令我们毁灭的两个因素（概率各占 5%）是纳米武器和超级人工智能。里斯勋爵身为皇家协会的前任会长和生存风险研究中心的创办人，在 2013 年着重强调了先进技术给未来世界带来的危险：“这是个规模问题。我们处在一个联系日益紧密的世界中，人类迁徙得更频繁，新闻和谣言都在以光速传播。因此，某些错误或恐怖活动带来的后果远比以往严重。”

但在世界末日到来之前，我们还是尽情享受生命的旅途吧……不管它有多远。

致谢

献给萝茜和洛蒂。

图片来源

下列缩略语在整个图片来源中使用：
bg = 背，t = 上，b = 下，l = 左，r =右，c = 中

2 – 3: Steve Rowell; 6 tl: US Department of Defense; tr: © Antonio Serna/Xinhua Press/2: © Olivier Matthys/epa/Corbis; 6 tl: Mary Evans Picture Library/Epic; tr: Dm_Cherry/Shutterstock; 7 tl: Sean Pavone/Shutterstock; tr: Matt Gibson/Shutterstock; 8 tl: Pikaia; tr: GlebStock/Shutterstock; 9 tl: Misty River/Shutterstock; 11 main: RIA Novosti/Science Photo Library; 13 main: Bundesarchiv, Bild 146II–849 / CC–BY–SA; 14 t: CCat82/Shutterstock; 16 main: Isaac McBride via Wikimedia; 17 tl: Library of Congress via Wikimedia; 18–19 main: Pikaia; 21 main: © 2002 Credit:Topham Picturepoint; bl: Pikaia; 22: © TopFoto; 25 t: © OJPhotos/Alamy Live News; b: Credit: AFP / stringer; 26: Associated Press; 28 main: US Department of Energy/Science Photo Library; tr: Digital Globe, Eurimage/Science Photo Library; 29: GlebStock/Shutterstock; 31 main: © John Springer Collection/Corbis; 34: Sean Pavone/Shutterstock; 35: Ashley York via Wikimedia; 37 main: M. Cornelius/Shutterstock; 41 main: Victoria V. Ratnikova/Shutterstock; 43 t: Biruitorul via Wikimedia; 45 main: TopFoto.co.uk; tr: © TopFoto; 47 main: caamalf/Shutterstock; 52: World History Archive/Topfoto; 55: Biblioth è que Nationale de France via Wikimedia; 57: Jim Sanborn; 59 main: © PA Photos / TopFoto; 62 main: Ivica Drusany/Shutterstock; tl: Misty River/Shutterstock; br: Antony McAulay/Shutterstock; 63: Guinnog via Wikimedia; 65 t: DEA/G. Nimatallah/contributor; main: Bildagentur Zoonar GmbH /Shutterstock; 67 main: nina b/Shutterstock; tr: Thomas via Wikimedia; br: Steve Whiston/Shutterstock; tl: © Jos é Luiz Bernardes Ribeiro / CC–BY–SA–3.0; 71 main: SurangaSL/Shutterstock; tr: Pikaia; 73: © 1999 Credit:Topham Picturepoint; 74: © Bettmann/Corbis; 76 main: Idh0854 via Wikimedia; bl: That Hartford Guy via Wikimedia; 77: XavierAJones via Wikimedia; 79 main: Pikaia; tl: Adrian Pingstone via Wikimedia; bl: © 2002 Credit:Topfoto/Fortean; 81: © Bettmann/Corbis; 82: © Bettmann/Corbis; 84 main: The Granger Collection / TopFoto; 85: Pikaia; 88: L. Blandford/Topical Press Agency/Getty Images; 90 main: The Princes Edward and Richard in the Tower, 1878 (oil on canvas), Millais, Sir John Everett (1829–96) / Royal Holloway, University of London / Bridgeman Images;
91: Songquan Deng/Shutterstock; 93 main: Pikaia; 96 main: © Michael Freeman/Corbis; br: The Granger Collection / TopFoto; 97: © 2001 Credit:Topham/AP; 99 main: © Bettmann/Corbis; 101 main: Mary Evans Picture Library; bl: © National Media Museum / Science & Society Picture Library -- All rights reserved; 103 main: Photo by Central Press/Getty Images; tr: Dragon tomato via Wikimedia; 105 main: siiixth/Shutterstock; br:
© Mauritius Images GmbH / Alamy; 107: Apic/Getty Images; 109 main:
© Bettmann/Corbis; bl: © Bettmann/Corbis;

110: DarkCryst via Wikimedia; 112 main: mironov/Shutterstock; 115: Andrea Conti /Shutterstock; 118: Andrew Horne via Wikimedia; 121: © Charles Walker / TopFoto; 122: © 1999 Credit:Topham Picturepoint; 125: Mary Evans Picture Library/Epic; 129: Topham Picturepoint; 131: © Bettmann/Corbis; 133 main: © 2005 Credit:Topfoto / AP; bl: © 2005 Credit:Topfoto / AP; 134: © 2005 Credit:Topfoto / AP; 137: Bikeworldtravel/Shutterstock; 139 main: dbking via Wikimedia; 141 main: © Bettmann/Corbis; 143 main: Mandy Creighton/Shutterstock; 147 main: Mary Evans Picture Library; 149 main: © Hulton–Deutsch Collection/Corbis; bl: Credit: TopFoto.co.uk; 151: © CarverMostardi / Alamy; 153 main: Linda Moon /Shutterstock; br: Pikaia; 155: © 2003 Charles Walker / Topfoto; 158: Mary Evans Picture Library; 161: © 2004 Fortean/Sibbick/TopFoto; 163: Dm_Cherry/Shutterstock; 164: Courtesy Everett Collection/REX; 166: John Phelan via Wikimedia; 167: Cbarry123 via Wikimedia; 169: © 2006 Credit:TopFoto / Fortean; 171: Mary Evans Picture Library; 173 main: Krivosheev Vitaly/Shutterstock; bl: Pikaia; 175 main: Helen Hotson/Shutterstock; br: Big Cat Monitors; 177 main: Fortean / TopFoto; bl: Fortean / TopFoto; br: Fortean / TopFoto; 179 main: © adoc–photos/Corbis; 181 main: Pix4Pix/Shutterstock; tr: Pikaia; 185 main: Beth Swanson / Shutterstock; br: Pikaia; 195: Rafał Chał gasiewicz via Wikimedia; 199: S–F/Shutterstock; 203 tl: © 2006 Credit:Topfoto; tr: The Granger Collection / TopF oto; 205 main: © 2006 Credit:TopFoto / Fortean; tr: Pikaia; 208: Aashish Rao via Wikimedia; 210 main: Matt Gibson/Shutterstock; t: Pikaia; 211: Pikaia; 213 main: lazyllama/Shutterstock; bl: Adnan Buyuk /Shutterstock; tr: Pikaia; 215 main: Associated Press; bl: Pikaia; 216: Colegota via Wikimedia; 221: Silkeborg Museum, Denmark/Munoz–Yague/Science Photo Library; 223: Bilkent University via Wikimedia; 225 main: Photo by George Strock/The LIFE Picture Collection/Getty Images; 226: Library of Congress via Wikimedia; 231 main: ESO/S. Guisard; br: The Ohio State University Radio Observatory and the North American AstroPhysical Observatory (NAAPO) via Wikimedia; 233 main: Pikaia; br: EN–Archive; 235 main: Billy Hathorn via Wikimedia; main: argus/Shutterstock; br: Ollyy/Shutterstock; 237: lightpoet/Shutterstock; 239: sakkmesterke/Shutterstock; 241 main: Abdul Qayyum62 via Wikimedia; t: Prof. Godfrey Louis and Dr. A. Santhosh Kumar; 243 main: Ase/Shutterstock; br: NOAA via Wikimedia; b: Pikaia; 248 main: Johan Swanepoel/Shutterstock; bl: © Federico Scoppa/Demotix/Corbis; 249: 360b/Shutterstock.

你能破解吗：

掩盖在历史中的100个秘密

[英] 丹尼尔·史密斯 著
吴奕俊 译

图书在版编目（CIP）数据

你能破解吗：掩盖在历史中的 100 个秘密 /（英）丹尼尔·史密斯著；吴奕俊译 . -- 北京：北京联合出版公司，2018.3

ISBN 978-7-5502-8846-1

Ⅰ . ①你… Ⅱ . ①丹… ②吴… Ⅲ . ①世界史－通俗读物 Ⅳ . ① K109

中国版本图书馆 CIP 数据核字 (2018) 第 018550 号

100 THINGS THEY DON'T WANT YOU TO KNOW

By Daniel Smith

北京市版权局著作权合同登记号：图字 :01-2017-8924 号

选题策划 联合天际
特约编辑 黄丽晓 边建强
责任编辑 宋延涛
美术编辑 Caramel
装帧设计 宝木三兽

UnRead
探索家

出　　版 北京联合出版公司
北京市西城区德外大街 83 号楼 9 层 100088
发　　行 北京联合天畅发行公司
印　　刷 小森印刷（北京）有限公司
经　　销 新华书店
字　　数 240 千字
开　　本 710 毫米 × 1000 毫米 1/16 16 印张
版　　次 2018 年 4 月第 1 版 2018 年 4 月第 1 次印刷
I S B N 978-7-5502-8846-1
定　　价 88.00 元

关注未读好书

未读 CLUB
会员服务平台

本书若有质量问题，请与本公司图书销售中心联系调换
电话：(010) 5243 5752 (010) 6424 3832